人生的智慧

The Wisdom of Life by Arthur Schopenhauer

［德］亚瑟·叔本华 著

杨立华 译

上海文化出版社
SHANGHAI CULTURE PUBLISHING HOUSE

果麦文化 出品

亚瑟·叔本华

Arthur Schopenhauer

1788—1860

一个人在这个世界上要么选择孤独，

要么选择庸俗，

别无他法。

Arthur Schopenhauer

CONTENTS 目 录

本书根据托马斯·贝利·桑德斯
（Thomas Bailey Saunders）1890 年的英
译本 *The Wisdom of Life* 译成，附其英译
本 *Counsels and Maxims*，该部分按原书
体例保留了章节编号。

全书脚注共分两类：句末带 * 的脚
注为译者所加，其余均为作者叔本华所
作的原书注释。请读者注意区分，内文
不再标示。

引 言

我在这本书里所谈及的"**人生智慧**",是按照这一术语的一般含义来说的。也就是说,这是一门艺术——安顿我们的生活以获得最大程度的快乐和成功的艺术。这样一门艺术,其理论可以被称为"**幸福论**",因为它教会我们如何过上幸福的生活。这样的存在也许可以被定义为,从纯粹客观的角度来看(或者更确切地说,经过冷静和成熟的思考)——因为这个问题必然涉及主观考虑——肯定比不存在更可取。这意味着我们应该为了其本身而坚持它,而不仅仅是出于对死亡的恐惧,而且,我们永远不应该希望它结束。

众所周知,关于人类的生活是否与(或者是否有可能与)这一关于存在的概念相一致,我的哲学体系给出了一个否定的答案。然而,根据幸福论的假设,这个问题必须以肯定的方式来回答。我已经在我的代表作中表明,这一假设是基于一个根本性的错误。[1]

因此,在阐述幸福生活的方案时,我不得不完全放弃我自己的理论所导向的更高的形而上学和伦理立场。我在这里要说的一切,在某种程度上都将建立在一个妥协的基础上;也就是

1　《作为意志和表象的世界》,第 2 卷,第 49 章。

说，我站在日常的一般立场上，拥抱其根本性的错误。

所以我的评论将只有有限的价值，因为"幸福论"这个词本身就是一种委婉的说法。此外，我不求面面俱到；部分是因为这个主题是讲不完的，部分是因为如若不然，我就必须重复别人已经说过的话。

就我的记忆而言，唯一一本与这本警句集的目的相同的书是卡尔达诺[1]的《论逆境》，这本书非常值得一读，可以用来作为本书的补充。诚然，亚里士多德[2]在他的第一本书《修辞学》的第五章中有几句关于幸福论的话，但他说得不多。

但我的任务不是汇编，所以没有借鉴这些前人的作品，更多的是因为在汇编的过程中会丧失观点的个性，而观点的个性是这类作品的核心。一般说来，古往今来的聪明人的确总是说同样的话，而占绝大多数的愚人们的行为方式一直都是一样的，也就是和聪明人说的话反着来；这样的情况还会继续下去。因为，正如伏尔泰所说：

> 在我们离开的时候，这个世界还是那么愚蠢和邪
> 恶，和我们刚来的时候并无二致。

1　吉罗拉莫·卡尔达诺（Gerolamo Cardano，1501—1576），意大利文艺复兴时期百科全书式的学者，主要成就在数学、医学方面。*

2　亚里士多德（Aristotle，前384—前322），古希腊哲学家、科学家，古希腊哲学的集大成者，代表作有《政治学》《诗学》等。*

第一章　对主题的划分

　　亚里士多德将人生幸事的来源分为三类——外界、灵魂和身体。[1] 在此我只保留他的三分法。我注意到，人类命运的根本差异可以归结为三个不同的类别：

　　（1）人本身：即广义上的人格，其中包括健康、力量、美貌、性情、品德、智力和教养。

　　（2）人拥有的东西：即财产和各种所有物。

　　（3）人的外在形象：众所周知，这是指一个人在别人眼中的形象，也就是别人对他的看法。一个人的形象可以通过别人对他的看法而得知，反过来，别人的看法又通过他的荣誉、地位和名声体现出来。

　　第一个类别，是由大自然本身在人与人之间所规定的差别。仅从这一事实，我们立即就可以推断：比起后面两个类别，它对人类幸福（或者不幸）的影响更为重要和彻底，因为后两者出自人为的安排。所有的地位或出身的特权，即使是王孙贵族，相比于真正的个人优势，比如伟大的头脑或心灵，就如同

1　《尼各马可伦理学》。

3

舞台上的国王遇到现实中的国王。伊壁鸠鲁[1]的大弟子梅特多鲁斯[2]在他的一本书中，就将其中一章的标题取名为"获取幸福的途径，在我们自身之中，而非自身之外"[3]。

显而易见，对一个人的幸福，乃至整个存在的基调而言，最主要的因素是他本身，是他的内在心性。因为这是他内心满足或不满的直接来源，这种满足与否是由他的感觉、欲望和思想的总和带来的；而身外的一切，都只能对他产生间接的影响。正因如此，同样的外部事件或者环境，对两个人的影响不尽相同；即使外部环境完全相同，每个人也都活在他自己的世界里。因为一个人只对他自己的想法、感受和意志活动有直接的了解，外部世界只能通过引发它们而对他产生影响。一个人所生活的世界，主要是由他看待这个世界的方式所塑造的，因此不同的人活在不同的世界里。对一个人来说，世界是沉闷、无趣和肤浅的；而对另一个人来说，世界可能是丰富、有趣和充实的。

每当听别人讲述他经历的趣事时，很多人都会希望类似的事情也发生在自己身上，完全忘记了他们应该嫉妒的是对方的心理特质，这一特质让所发生的事情在其描述中变得妙趣横生。对一个聪颖的人来说，那些事件是有趣的冒险，但对一个迟钝的普通人来说，那只是平凡、乏味的日常琐事。这种情形尤其

1　伊壁鸠鲁（Epicurus，前341—前270），古希腊哲学家，被认为是西方第一位无神论哲学家，认为快乐是生活的目的。*

2　梅特多鲁斯（Metrodorus，前331—前278），古希腊伊壁鸠鲁学派哲学家之一，伊壁鸠鲁最得意的门生。*

3　亚历山大的革利免（Clement of Alexandria），《杂论》（*Stromata*）。

见于歌德[1]和拜伦[2]的许多诗歌，它们明显是基于真实事件的。但一个愚蠢的读者可能会嫉妒诗人，嫉妒他们身上发生了这么多奇妙、有趣的事情，而不是羡慕诗人强大的想象力——正是这种想象力，将平凡、普通的经历转化为伟大、美好的事物。

同样，面对同一个场景，忧郁的人看到一出悲剧，乐观的人看到一场有趣的冲突，而迟钝的人看到的则是毫无意义的琐事。究其原因，是因为任何一件事如果要发生并得到理解，都需要两个因素的合作，即一个主体和一个客体。尽管这两个因素紧密相连，就如同水中的氢和氧一样。

因此，当客体这一半完全相同，但主体不同时，眼前的现实情况可能完全不同，仿佛客观因素本来就不一样。对一个愚钝的人来说，世上最为美好的客体也只是一种糟糕现实的呈现，因此无福消受。这种情况就像在阴沉的天气下欣赏美丽的风景，或者用一枚模糊的镜头拍摄美景。

坦白地说，每个人都受困于自身意识的局限，就像受困于这副皮囊一样，因此外界的帮助对他的作用不大。在舞台上，一个人演王公，另一个人演大臣，其他人演仆从、士兵或将军，如此等等。然而，这些只是外在的不同，如果探究这些角色的内在现实，我们就会发现核心都是一个可怜的戏子，对自己的

1　歌德（Johann Wolfgang von Goethe，1749—1832），德国思想家、文学家，德国最伟大的作家之一，代表作有《少年维特之烦恼》《浮士德》等。*

2　拜伦（George Gordon Byron，1788—1824），英国浪漫主义诗人，代表作有《恰尔德·哈洛尔德游记》《唐璜》等。*

命运忧心忡忡。

人生也是如此。不同的地位和财富赋予每个人一个角色，但这绝不意味着内在幸福和快乐是相对应的。在这个意义上，所有人存在的本质也都一样——一个满是困苦和烦恼的可怜凡人。

虽然每个人困苦和烦恼的内容各不相同，但在不同形式之下，本质大抵相同。确实，困苦和烦恼的程度有别，但程度的差别绝非与一个人扮演的角色以及他的地位和财富一一对应。因为一个人身上存在或发生的一切，只存在并发生于他的意识之中。

因此对一个人来说，最本质的东西是其意识的品性，大多数情况下，意识的品性远比形成意识内容的环境更重要。世上一切光鲜亮丽的事物，在一个愚蠢的人的无聊意识中，都会变得了无生趣。与之形成鲜明对比的是，塞万提斯[1]运用他的想象力，在简陋的牢房里写下了《堂吉诃德》。生活和现实的客体那一半由命运掌握，因此变幻莫测，而主体的那一半是我们自己，本质上一成不变。

因此，每个人的一生都打上了不变的烙印，不管他的外在环境如何变化——就像同一段主旋律的一系列变奏。没有人能够摆脱自己的本性。不管将动物置于何种环境当中，它们总是停留在由大自然划定的界限之内。

因此，我们如果想要动物快活，就必须顺应它们的本性，

---

[1] 塞万提斯（Cervantes Saavedra，1547—1616），西班牙文艺复兴时期小说家、剧作家、诗人，被誉为西班牙文学世界最伟大的作家，代表作为《堂吉诃德》。*

绝不可超出它们的本性和感受的范围之外。人也一样，一个人所能获得的幸福，是由他的本性事先决定的。特别是一个人的精神力量，彻底决定了一个人享受高级愉悦的能力。[1]

如果这个人的精神力量很薄弱，那么所有来自外在的努力，不管是别人还是运气给他带来的一切，都不足以令他摆脱低级趣味。他唯一的快乐来源是自己的感官嗜好、轻松愉快的家庭生活、低级的社交和庸俗的消遣；大体上来说，甚至教育也难以拓宽他的视野。因为最高级、最为多样且持久的快乐，是精神享受；尽管我们在年轻气盛的时候，往往自欺欺人而意识不到这一点。

精神享受主要取决于精神力量。因此很显然，我们的幸福很大程度上依赖于我们本身；而命运通常只意味着我们"拥有"什么，或者我们的"名声"。在这个意义上，我们的命运或许会有所改善，但如果我们的内心丰富，其实我们对命运并无多求。相反，终其一生，一个呆笨的人始终是一个呆笨、无聊的木头人，即使他身边围绕着的是天上的仙女。

因此，歌德在他的《西东诗集》中说：

> 无论哪个时代，
> 不管高低贵贱，
> 人人都承认，唯有自身的人格，
> 才是众生能够获得的最大幸福。

---

[1] 参见《作为意志和表象的世界》，第 2 卷，第 73 页。

一切都证实了：对于我们的幸福和快乐来说，生活中的主观因素比客观因素更为重要，从"饥饿是最好的调味品""韶华易逝、容颜易老"，到天才和圣人的生活，莫不如此。健康比其他所有的福气都更重要，以至于实际上可以说，一个健康的乞丐比一位生病的国王更加幸福。温和开朗的性格，体魄完美健康而感到快乐，头脑清晰、生气勃勃，洞察事物的本来面目，温和的意志力，因此有一个好的良知——这些都是任何阶级和财富都无法弥补或取代的幸事。

　　一个人自己身上的东西，当他独自一人时陪伴他的东西，是没有人能给予或带走的。因此对他来说，这显然比他所拥有的一切都更为重要，甚至比他在世人眼中是什么更重要。一位遗世独立的知识分子，在他自己的思想和幻想中有着极好的娱乐方式，而再多的花样或社交乐趣、戏剧、远足和娱乐，都无法让一个呆子不感到无聊。一个愉快、节制、性格温和的人，可以在艰苦的生活环境中感到快乐；而一个贪婪、嫉妒且恶毒的人，即使他是世界上最富有的人，也会变得悲惨。

　　不仅如此，对于一个拥有特殊个性和高度智力的人来说，大多数人类追求的快乐都是多余的，甚至是一种麻烦和负担。贺拉斯 [1] 是这样评价自己的：

　　　　宝石、大理石、象牙、小雕像、画作、银器、紫

1　贺拉斯（Quintus Horatius Flaccus，前65—前8），罗马帝国时期诗人，与维吉尔、奥维德并称"古罗马三大诗人"，代表作有《诗艺》等。*

色长袍,

有人没有这些东西,有人根本就不想要。[1]

当苏格拉底看到各种奢侈品摆摊出售时,他惊呼道:"世界上有多少东西是我不想要的啊!"

所以,让我们生活幸福的第一个也是最重要的要素,那就是"我们是什么"——我们的人格才是最重要的,因为它是在任何情况下都会发挥作用的恒定因素。此外,不同于其他两类福气,它不由命运摆布,也不可能从我们那里被夺走,而且,到目前为止,它被赋予了一个绝对值,而不像其他两个仅仅是相对值。这样的结果是,要想从外部控制一个人,比人们通常想象的要难得多。

但是在这里,全能的代理人——**时间**登场了,并施展它的力量,身体和精神上的优势逐渐在时间面前褪去,只有道德品格是时间无法染指的。鉴于时间的破坏性影响,其他两类福气确实不会被时间从我们身上直接掠夺走,似乎比第一类福气更好。可以说它们还有另一个好处,那就是:它们本质上是客观的和外在的,是可以达到的,并且每个人至少都有可能拥有它们;反而主观的东西不是开放给我们去获取的,而是通过一种"神圣的权利"获得的,并一成不变地为人所终生拥有。

让我引用歌德的几句话,他描述了在每个人出生的时候,一种不可改变的命运是如何分配给每个人的,所以这个人只能在为

1　《书札》。

他制定的路线上发展，时间的力量也无助于改变他生命的道路：

> 在你降临世上的那一天，
> 太阳接受了星辰的问候。
> 你随即永恒地遵循着，
> 那造就你生命的法则。
> 你就是你，你无法逃离你自己。
> 西比尔 [1] 和先知们预言：
> 没有哪一个时刻，也没有哪一种力量，
> 可以打碎那刚刚创造出来的形式，
> 它存活下来并将不断发展下去。[2]

我们力所能及的唯一一件事就是，尽可能充分地利用我们所拥有的个人品质，并相应地遵循那些只会让它们发挥作用的事业，努力追求它们所容许的那种完美，并不去追求其他的东西，因而选择最适合它们发展的职位、职业和生活方式。

想象一下，一个被赋予了巨大力气的人，受环境所迫而不得不从事一项久坐不动的职业，例如一些细微精致的手工工作，或者从事学习和脑力劳动。这要求相当多的其他力量，且正是那些他没有获得的力量——也就是说，被迫放弃他超凡的力气。被这样安排的人，一辈子都不会感到幸福。

1　西比尔（Sibyl），古希腊传说中的女预言家。*
2　歌德，《箴言和沉思》。

更悲惨的是，许多具有非常高层次才智的人，不得不从事让那些才智得不到发挥和运用的职业，也许是一些体力劳动，而他们的力气恰恰又不够。然而，在这种情况下，我们（特别是年轻人）应该谨慎，要避免坠入妄自尊大的悬崖，不要自不量力、好高骛远。

　　由于第一类福气显然比其他两类福气更为重要，因此，以保持健康和培养我们的能力为目标，显然比以积累财富为目标更加明智。但绝不要误以为，我们应该忽视获得足够的生活必需品供应。

　　严格意义上的"财富"，即大量的过剩，对我们的幸福几乎毫无用处。许多富人之所以感到不幸福，仅仅是因为他们没有任何真正的精神层面的文化或知识，因此对任何客观事物都没有兴趣，从而无法从事力所能及的智力职业。因为除了满足一些真实、自然的需求，就幸福的真正含义而言，拥有财富所能达到的一切，对我们的幸福的影响都非常小。

　　事实上，财富反而会干扰我们的幸福，因为保住财产带来了许多无法避免的焦虑。尽管可以肯定的是，**一个人"是什么"对幸福的贡献远远大于他"有什么"**。但是，人对变得富有的决心，要比变得有文化的决心高出一千倍。

　　因此，你可能会看到许多人像蚂蚁一样勤奋，从早到晚不停地忙于增加他的金子堆。在达到这个目的的手段的狭窄范围之外，他什么也不知道；他的头脑一片空白，因此其他任何东西都打动不了他。最高的快乐，即那些智力层面的快乐，对他来说是难以企及的。他试图用沉溺于其中的短暂的感官愉悦来取代它们，却徒劳无功，这种愉悦的持续时间只有一个小时，而且代价巨大。如果他足够幸运的话，通过奋斗拥有了一大堆黄金，并留给他的继承人，后者要么让黄金变得更多，要么将它挥霍掉。像这样的生活，虽然带着一种煞有介事的态度去追求，却和许多以滑稽帽[1]为象征的其他人一样，都是愚蠢的。

因此，"一个人自己身上所拥有的"就是他幸福的主要因素。因为作为一条规律，大多数已经摆脱贫穷的人，从根本上来说和那些仍然在贫困线上挣扎的人一样感到不开心。他们的思想是空虚的，想象力是枯燥的，精神是贫乏的，所以他们被驱使着去寻求像自己一样的人的陪伴——"物以类聚，人以群分"。在那里，他们共同追求消遣和娱乐，构成了大部分的感官愉悦，最后达到穷奢极欲。

一个富裕家庭的年轻人带着一大笔遗产投入生活之中，并且经常在令人难以置信的短时间内，以极其奢侈的方式贯穿整个生活。为什么呢？仅仅是因为，在这种情况下头脑也是空虚的，因此这个人对存在感到厌倦。他来到这个世界上，外表富有，内心贫穷，他徒劳地想用自己的外在财富来填补自己内心的贫乏。他试图"从外面获得一切"，就像一位老人试图让自己变得强大，正如大卫王[2]或马雷夏尔·德雷克斯（Maréchal de Rex）试图做的那样。因此，一个内在贫穷的人最终也会在外在

1　以前的学生因为迟钝或者偷懒而被罚时所戴的圆锥形高纸帽。*

2　大卫王（King David），公元前10世纪以色列王国的第二代国王，犹太民族形成过程中的重要人物。*

上变得贫穷。

我不需要坚决主张另外两类幸福的重要性，这两种幸福构成了人类生活的幸福。如今，拥有它们的价值是众所周知的，不需要再广而告之。诚然，与第二类相比，第三类幸福似乎具有超凡脱俗的性质，因为它只包含别人的观点。但是，每个人都要争取声誉，也就是一份好的名声。

另一方面，只有那些为国家服务的人才应该渴望声望，而名誉则属于极少数人的追求。在任何情况下，名誉都被视为无价之宝，且名誉被视为一个人所能获得的所有福气中最宝贵的——可以说是天选之人才能拥有的金羊毛。只有傻瓜才会偏爱等级而不是财产。

而且，第二类和第三类是互为因果的。也就是说，到目前为止，正如佩特洛尼乌斯 [1] 所说：

谁拥有财富，谁就拥有声望。

这是正确的。反之，其他人的青睐往往可以通过各种形式，让我们获得自己想要的东西。

---

[1] 佩特洛尼乌斯（Gaius Petronius），古罗马讽刺作家，生活于公元 1 世纪，著有散文体喜剧故事《萨蒂利孔》。*

第二章 人格，或人本身

总的来说，我们已经明白，相比于一个人所拥有的东西，或别人如何看待他，人本身给他带来的幸福更多。一个人本身是什么，以及他自己身上所具备的品质，总是要考虑的首要问题；因为他的个性无时无刻不伴随着他，并影响到他的所有经历。例如，在每一种愉悦中，快乐主要取决于一个人自己。每个人都承认，这一点在身体的愉悦方面有多么正确，而在精神享受方面更是如此。

当我们使用"自得其乐"（to enjoy one's self）这一英文表达时，我们使用的是一个非常醒目而恰当的短语。对于观察者来说，不是"他享受巴黎"，而是"他在巴黎自得其乐"。对于一个有病态个性的人来说，所有的快乐就像美酒入苦口。

因此，在生活的福气和弊病中，与其说取决于降临在我们身上的东西，不如说取决于我们对待它的方式。也就是说，取决于我们对它采取的反应的类型以及强弱程度。一个人是什么、拥有什么——即人格及其所包含的一切——是唯一直接影响到其快乐和幸福的因素。其他一切都是间接的，其影响可以被消除，但人格的影响则永远不会。这就是为什么个人品质激起的嫉妒是所有嫉妒中最难缓和的，正如它也是被最为精心地掩饰的一样。

此外，我们意识的结构，是我们所做或所遭受的一切中永远存在和持久的元素。在我们生活的每一个时刻，我们的个性或多或少都在持续地起着作用；所有其他的影响都是暂时的和偶然的，并且受制于各种机会和变化。所以亚里士多德会说：

持久的不是财富，而是性格。[1]

同理，相比于咎由自取的不幸，我们更容易承受完全来自外在的不幸。因为命运可能永远都在变化，但性格永远不会改变。因此，主观的福气——高尚的天性、精明的头脑、快乐的气质、开朗的精神、健美的身体和完美的体魄——即"身心和谐健康"，是"幸福的首要元素"。所以，相比于拥有外在的财富与荣誉，我们应该更专注于促进和保持身心和谐健康。

而在所有这些中，使我们最直接获得快乐的是精神饱满、容光焕发，因为这一良好的素质本身就是直接的回报。快乐的人总是有很好的理由成为这个样子——事实上，换句话说，这就是他的本性。没有什么能像这种素质一样，可以完全弥补失去其他所有福气的损失。

如果你认识一个年轻、英俊、富有、受人尊敬的人，而且想更进一步知道他是否幸福，你可以问："他快乐和友好吗？"如果他快乐，那么无论他是年轻还是衰老，挺拔还是驼背，贫

---

[1]　《优台谟伦理学》。

穷还是富有，又有什么关系？他是幸福的。

早年，我翻开一本旧书，发现了这样一句话：

> 如果你笑得很多，你就会快乐；如果你哭得很多，你就会不开心。

毫无疑问，这是一句非常简单的话。但正是因为它如此简单，我永远无法忘记，即使这顶多算是一句老生常谈。所以，如果快乐敲我们的门，我们应该敞开门，因为它从来不会不合时宜。取而代之的是，我们经常对让它进来感到顾虑。我们希望自己非常确信，有充分的理由感到满足；然后我们担心在严肃地思考或沉重地操劳的时候，愉快的心情可能会带来干扰。

快活是一种直接的收获——它是幸福的现金，而不是像其他一切那样，仅仅是银行里的一张支票。因为它本身就使我们在当下立即感到快乐，这是人类的至高福气，我们的存在不过是两个永恒之间一个微不足道的时刻。确保和促进这种快活的感觉，应该是我们为追求幸福而付出的所有努力的最高目标。

现在可以肯定的是，没有什么比财富对快乐的贡献更小，也没有什么比健康对快乐的贡献更大了。那些下层阶级，即所谓的工人阶级，特别是那些生活在农村的人，在他们的脸上，我们看到的不是快乐和满足吗？而且，难道我们不是在富人和上层阶级中，发现他们脸上充满了不愉快和烦恼吗？

因此，我们应该尽可能地保持高度的健康，因为快乐就是健康开出的花朵。我必须避免一切纵欲放荡的行为，减少所有激烈、不愉快的情绪，不要长期地精神操劳，每天要在户外锻炼，勤洗冷水澡，并采取一些保健措施。因为如果没有适量的日常锻炼，任何人都不可能保持健康。生命的所有过程都需要锻炼，来适当地发挥其功能，不仅锻炼部分器官，而且锻炼整个身体。因为，正如亚里士多德所言，"生命在于运动"，这就是它的本质。

生物的各个器官都在不停地快速运动。心脏有着复杂的双收缩和舒张，跳动强烈而不知疲倦；每跳 28 下，它就推动全身血液通过动脉、静脉和毛细血管；肺就像蒸汽机一样往复运动，毫不间断；肠道总是在蠕动；腺体都在不断地吸收和分泌，甚至大脑也有自己的双重运动，每一次脉搏跳动和每一次呼吸都是如此。

当人们根本得不到锻炼的时候，就像无数人注定要久坐不动，外在的不活跃和内心的骚动之间存在着一种明显而致命的不平衡。因为这种无休止的内在运动需要一些外在的对应物，而缺少它就会让我们不得不压抑情感。即使是树木，也必须被风摇动才能茁壮成长。在这里可以应用的法则，用一句拉丁文谚语来表达最为简洁：

　　　　运动的速度越快，就越成其为运动。

我们的幸福在多大程度上取决于我们的精神，而这些又取决于我们的健康状况，可以通过比较同样的外部环境或事件在我们健康和强大时对我们的影响，与我们抑郁和被疾病困扰时所产生的影响看出来。让我们快乐或痛苦的，并不是客观上事物本身是什么，而是它们对我们来说是什么，以及我们看待它们的方式。正如爱比克泰德[1]所说：

> 人不受事物的影响，而是受对事物的看法的影响。

总的来说，我们十分之九的幸福仅仅依赖于健康。有了健康，一切都是快乐的源泉；而没有健康，其他任何东西都无法令人愉快。甚至，一个人的其他福气，如伟大的心灵或快乐的气质，都会因为缺少它而大打折扣。

因此，当两个人见面时，他们做的第一件事就是询问对方的健康状况，并表示希望对方健康，这确实是有充分理由的，因为健康是人类幸福的最重要因素。由此得出的结论是，最大的愚蠢就是为了任何其他种类的幸福而牺牲健康，无论是为了获利、进步、学习还是名声，更不用说为了转瞬即逝的感官愉悦了。其他所有的事情都应该排在健康的后面。

但是，无论健康如何有助于精神饱满，它对我们的幸福多么重要，精神饱满并不完全依赖于健康，因为一个人的体格可能非常健康，但仍然具有忧郁的气质，通常满怀悲伤。造成这种情况的最终原因无疑是天生的，因此是不可改变的身体结

1　爱比克泰德（Epictetus，约55—约135），古罗马斯多葛学派哲学家，主张遵从自然，过自制的生活，对西方伦理道德学说的发展有巨大贡献。*

构，尤其与这个人对肌肉和生命力的敏感性有关。反常的敏感产生了精神的不平等，一种占主导地位的忧郁，伴随着无拘无束的活泼的周期性发作。"天才"是指其神经能力或者敏感度过人的人。正如亚里士多德非常正确的观察：

> 在哲学、政治、诗歌或艺术方面卓尔不群的人，
> 似乎都是气质忧郁的。[1]

这无疑也正是西塞罗[2]说"亚里士多德是一个全能、聪明、忧郁的存在"[3]时，他脑海中所想的。莎士比亚[4]在《威尼斯商人》的以下台词中，非常巧妙地表达了这种激进的、与生俱来的气质多样性：

> 老天造下人来，真是无奇不有，
> 有人总是从他的小眼睛向外窥探，
> 像看见风琴手的鹦鹉一样笑；

---

1 《论问题》。

2 西塞罗（Marcus Tullius Cicero，前106—前43），古罗马政治家、演说家、哲学家，以善于雄辩而成为罗马政治舞台上的显要人物，代表作有《论演说家》《论共和国》等。*

3 《图斯库路姆论辩集》。

4 莎士比亚（William Shakespeare，1564—1616），英国戏剧家、诗人，英语文学史上最重要的剧作家，代表作有《哈姆雷特》《奥赛罗》《李尔王》《麦克白》等。*

有人终日愁眉苦脸，

即使不苟言笑的长者发誓说那笑话很好笑，

他听了也不肯露一露他的牙齿，

装出一个笑容来。

　　这就是柏拉图[1]在"乐天派"和"厌世者"（好相处的人和难相处的人）之间所做的区分，他在证明中提到不同的人对愉快和痛苦的印象表现出不同程度的敏感性，这样一个人就会对使得另一个人绝望的东西发笑。一般来说，对不愉快印象的敏感度越强，对愉快印象的敏感度就越弱，反之亦然。

　　如果一件事的结果同样有可能是好的或坏的，那么如果问题是不利的，厌世者会感到恼火或悲伤，在应该感到开心的时候，也不会感到欣喜。另一方面，乐天派对不利的问题既不会担心也不会烦恼，但如果结果好的话，他会很高兴。有一个人，如果十个事业中有九个成功了，他并不会高兴，而是会因为其中一个失败而感到恼火；而另一个人，如果只有一个成功，他会设法在这一事实中找到安慰，并保持愉快的心情。

　　但是，塞翁失马，焉知非福。由于总体上来说，与那些降临在快乐和无忧无虑的人身上的不幸和痛苦相比，忧郁和焦虑性格的人必须克服的不幸和痛苦更多是虚构的，因此并不是现实的。一个将一切都涂成黑色，不断担心最坏的情况并采取相

1　柏拉图（Plato，前427—前347），古希腊哲学家，西方客观唯心主义哲学的创始人，代表作有《理想国》《法律篇》等。*

应措施的人，在这个世界上不会像一个总是看到事物光明一面的人那样，经常感到失望。

当厌世者受到神经系统或者消化器官疾病的影响，被天生的忧郁倾向所控制，久治不愈的时候，就会产生一种对生活的厌倦感，继而产生一种自杀的倾向。即使是最微不足道的不愉快，事实上也可能会导致自杀。当这种倾向达到最坏的状态时，它可能不是由任何特定的事情引起的。一个人可能仅仅因为永远不快乐而决心结束自己的存在，然后冷静而坚定地执行自己的决定。从承受痛苦的人在受到监视时的表现可以看出，他通常急切地等待着抓住监视者第一个没有防备的时刻。这时，他没有颤抖，没有挣扎或退缩，他可以使用现在自然和受欢迎的方式来获得解脱。[1]

即使是最健康的，甚至可能是最开朗的人，在某些情况下也可能下定决心去死。例如，当他的痛苦或对某些不可避免的不幸的恐惧超过了对死亡的恐惧的时候，唯一的区别在于导致致命行为所必需的痛苦程度。对于快乐的人来说，所需的痛苦程度是很高的；而对于忧郁的人来说，程度就很低。忧郁越严重，需要的程度就越低，最后甚至可能降到零。

但如果一个人是开朗的，他的精神是由良好的健康状态支撑的，那么就需要高度的痛苦才能让他对自己动手。从仅仅源于先天阴郁的病态强化而自杀，到完全有客观理由而结束自己

1　关于这种精神状态的详尽论述，可参见埃斯基罗尔（Jean-Étienne Esquirol，1772—1840，法国精神病学家）的《论精神病》一书。

存在的健康而快乐的人的自杀，在自杀的这两个极端之间有无数个刻度。

美貌在一定程度上与健康有关，它可以被认为是一种个人优势。确切地说，它并不对我们的幸福做出直接的贡献，而是通过给别人留下深刻的印象，间接地做到这一点。即使在人类身上，这也并非不重要的优势。美丽是一封公开的推荐信，它使心灵偏爱美貌之人。正如荷马的诗句中所说：

> 天生丽质难自弃，
>
> 除了神之外，
>
> 这份光荣的礼物没有人能给予。[1]

最普遍的调查表明，**人类幸福的两个敌人是痛苦和无聊。**我们可以更进一步说，如果我们有幸摆脱其中一个，那么我们会靠近另外一个。事实上，生活会在两者之间或多或少地剧烈震荡。这是因为这两极各自站在对方的双重对立中——外在的或客观的，以及内在的或主观的。艰苦的环境和贫穷会令人痛苦，而如果一个人非常富裕，他就会感到无聊。

因此，当下层阶级不断地与需求（换句话说，与痛苦）抗争

1　《伊利亚特》。

时，上层阶级则与无聊进行持续的、往往是绝望的斗争。[1]内在或主观的对抗源于这样一个事实：在个人身上，对痛苦的易感性与对无聊的易感性成反比，因为易感性与心智力量成正比。

听我来解释。迟钝的头脑通常有迟钝的情感，任何刺激都无法影响其神经。简而言之，这是一种性情，它不会感到痛苦或焦虑，无论多么严重或多么可怕。现在，智力的迟钝是"心灵空虚"的底端，这种空虚印在许多面孔上，通过对外部世界中所有琐碎环境的持续而生动的关注，而透露出自己的精神状态。这才是无聊的真正根源——在兴奋之后不断喘息，以便有借口给头脑和精神以某种东西来消磨时间。

人们为了这个目的而选择的东西并不是很特别，从他们所依赖的可怜消遣，以及他们对社交乐趣和交际的想法，或者从在门口的台阶上闲聊或朝窗外张望的人数就可以看出来。正是因为这种内在的心灵空虚，所以人们去追求社交、消遣、娱乐，各种铺张，导致了许多人的奢侈和贫穷。

没有什么比内在的财富、心灵的财富更能防备痛苦了，因为它越是成长，留给无聊的空间就越小。无穷无尽的思维活动！在自我和自然的各种现象中找到任何新的材料来加以工作，能够并且准备好形成它们之间的新组合——在那里，除了放松的时刻，你有一些东西可以振奋心灵，还可以远远摆脱无聊。

---

1   两极之间是相通的。最低的文明状态（如游牧或者流浪生活）在最高的
     文明状态中找到了对应者，因为在最高状态中每个人都会时不时地成为
     旅行者。前者是出于必要，后者是为了避免无聊。

但是另外一方面，这种高度的智力植根于高度的敏感性、更强的意志力、更大的激情。这些品质结合起来，让情感能力得以增强，从而对所有精神甚至身体的疼痛更加敏感，对障碍更不耐烦，对干扰更为怨恨。

所有这些倾向都因为想象力而增强，脑海中想到的一切都变得栩栩如生，包括那些令人不快的东西。这在不同程度上适用于所有智力水平的人，从最愚蠢的人到有史以来最伟大的天才。因此，无论从主观还是客观的角度来看，任何人越接近人类生活中痛苦的一个来源，他就离另一个来源越远。

因此，一个人的天性会导致他的客观世界尽可能地符合他的主观世界。也就是说，他将采取最大的措施，来应对他最容易感受到的那种形式的痛苦。最重要的是，智者将努力摆脱痛苦和烦恼，宁静而悠闲，从而过一种安静、谦逊的生活，尽可能少与外界接触。

因此，在与所谓的同伴们打了一段时间交道之后，他会选择过退隐的生活，甚至，如果他是一个很有才智的人，他会选择独自一人生活。因为一个人自己身上拥有得越多，他对别人的要求就越少，事实上，其他人对他的要求也就越少。这就是为什么**越聪明的人越不合群**。诚然，如果智力的"质量"可以用数量来弥补，那么生活在人间也是值得的。但不幸的是，一百个傻瓜加在一起，也无法造就一个智者。

但是，站在天平另一端的人刚从贫穷的痛苦中解脱出来，他就会不惜一切代价去争取消遣和社交，结交他遇到的第一个人，尽一切可能逃避自己。因为在孤独中，每个人都被自己的资源所支配，一个人自己拥有的东西就会显露出来。穿着漂亮衣服的傻瓜在他悲惨个性的负担下呻吟，这是他永远摆脱不了的负担；而有才华的人用他充满活力的思想，在荒地上生活。塞涅卡[1]宣称：

愚蠢是愚者的负担。

这是一句实话，可以与西拉之子耶稣[2]的话相比较：

蠢人的生命比死亡更糟糕。[3]

而且，作为一条规律，人们会发现，一个人的社交能力与他智力的贫乏和普遍的庸俗成正比。**一个人在这个世界上要么选择孤独，要么选择庸俗，别无他法。**据说，所有人当中最善于交际的是黑人，而他们在智力上处于最底层。我记得有一次在法国报纸上读到，北美的黑人，无论是自由的还是被奴役的，都喜欢在最小的空间里关进最多的人，因为再多的相互陪伴对他们来说都是不够的。

大脑可以被认为是有机体的一种寄生物，可以说是与身体

1　塞涅卡（Lucius Annaeus Seneca，约前4—65），古罗马政治家、斯多葛派哲学家，著有哲学著作、散文随笔、悲剧作品若干。*

2　西拉（Sirach）之子耶稣，相传是耶路撒冷的一名经师，生活在公元前3世纪至前2世纪，《旧约·传道书》的作者。*

3　《传道书》。

生活在一起的退休人员。而闲暇，也就是一个人可以自由享受自己的意识或个性的时间，是生命中其他时刻的辛苦劳作换来的。但是，大多数人的闲暇会带来什么呢？除了声色之娱和愚蠢之举，就是无聊和乏味。这样的闲暇是多么没有价值，可以从使用它的方式中看出来。正如阿里奥斯托[1]所说：

> 无知之人的闲暇时间是多么悲惨！

普通人只想着如何打发他们的时间，而任何有才华的人都试图利用它。智力有限的人容易感到无聊的原因是，他们的智力无非就是将意志的动力付诸实施的手段：只要没有什么特别的东西来推动意志，它就会休息，他们的智力就会休假，因为与意志一样，智力也需要某种外在的东西来发挥它的作用。其结果是，无论一个人拥有什么力量，都会呈现出一潭死水的状态——也就是无聊。

为了抵消这种痛苦的感觉，人们会转移到琐碎的事情上，而这些琐碎的事情会让他们暂时感到兴奋，希望能以此激发意志的行动，从而激发智力的行动，因为正是后者必须使意志的这些动机生效。这与真实、自然的动机相比，就如同纸币与银币的区别。因为它们的价值只是任意的（如纸牌游戏等），这些游戏就是为了这个目的而发明的。如果没有其他可做的事情，

1　阿里奥斯托（Ludovico Ariosto，1474—1533），意大利文艺复兴时期诗人，代表作为长篇叙事诗《疯狂的罗兰》。*

男人就会搓手或者抖腿，或者将雪茄当成锻炼大脑的颇受欢迎的替代品。

因此，在所有国家，社会上的主要职业都是打牌，这是其价值的衡量标准，也是其思想破产的外在标志。因为人们没有想法可以交流，所以他们发牌，并试图赢得彼此的钱。白痴！但我不希望不公正。因此请让我指出，可以肯定地说，纸牌游戏是对世界和商业生活的准备，因为人们由此学会如何巧妙地利用偶然但不可改变的环境（在这种情况下是纸牌），并尽可能多地利用它们。

要做到这一点，一个人必须学会点虚伪的东西，即使抓到一手臭牌还能得意洋洋；另外一方面，正是由于这个原因，玩牌使人道德败坏，因为它的整个目的是使用各种伎俩和诡计，以赢得属于另一个人的东西。在牌桌上学到的这种习惯扎根于实际生活中，在每天的事务中，一个人逐渐将"我的"和"你的"当作纸牌看待，并且千方百计地利用他所拥有的任何优势，只要不落入法律的怀抱即可。我所说的例子在商业生活中每天都会发生。

那么，既然闲暇是存在之花，或者更确切地说，是存在的果实，因为它使一个人可以拥有自己，那些自身有一些真正东西的人确实是幸福的。但是，闲暇只会让大多数人变成一无是处的家伙，无聊透顶，自己都烦自己。因此，亲爱的弟兄们，让我们欢呼吧：

　　我们不是婢女的孩子，而是自由之子。

此外，由于没有哪一块国土比需要很少或者根本不需要进口的土地更加富裕，所以最幸福的人就是拥有足够的内在财富，几乎不需要外界来维持生活的人。因为进口的东西是昂贵的，会暴露出依赖性，带来危险，有时会有麻烦，而且总体上是本国产品的劣质替代品。任何人都不应该对他人抱有太高的期望，或者更普遍地说，不该对外部世界寄予厚望。一个人对另一个人的影响并不是很大：最终每个人都是独立的，重要的是独立的那个人是什么样的。

因此，这是歌德在《诗与真》中认识到的一般真理的另一个应用，即在任何事情上，一个人最终都必须对自己有吸引力。或者，正如戈德史密斯[1] 在《旅行者》中所说的：

> 无论我们身处何方，
>
> 我们自身的幸福，
>
> 要自己去创造，去发现。

自己是最好的东西的源头，是一个人能达成的最大幸福。**一个人越是能在自己身上找到快乐的源泉，他就会越快乐。**因此，亚里士多德说得很有道理：

---

[1] 戈德史密斯（Oliver Goldsmith，1728—1774），英国剧作家，生于爱尔兰，代表作为《善性之人》及《屈身求爱》。*

快乐就是自给自足。[1]

因为所有其他幸福的来源在本质上都是极其不确定、不稳定、转瞬即逝的，受机会摆布。因此，即使在最有利的环境下，它们也很容易被耗尽，这是不可避免的，因为它们并不总是触手可及。而到了老年，这些幸福的源泉必然会枯竭：那时，爱会离开我们，还有敏捷的才思、旅行的欲望、对马的喜爱、社交的天赋；朋友和亲戚也会被死亡从我们身边夺走。然后，幸福比以往任何时候都更取决于一个人自己身上有什么。因为这是他最为长久拥有的东西，在生命的任何时期，这都是唯一真正和持久的幸福源泉。

幸福是无法从别处得到的。这个世界充满了不幸和痛苦，如果一个人逃脱了这些，无聊就在每个角落等着他。不仅如此，通常占上风的是邪恶，而愚蠢制造的噪音最大。命运是残酷的，人类是可悲的。一个内心丰富的人生活在这样一个世界里，就像在十二月夜晚的漫天霜雪中，拥有一间明亮、温暖、快乐的圣诞小屋。因此毫无疑问，世上最幸福的命运就是拥有丰富的个性这一难得的天赋，尤其是拥有良好的智力禀赋。这是最幸福的命运，尽管它并不是一种会非常成功的命运。

---

1 《优台谟伦理学》。

瑞典女王克里斯蒂娜 [1] 19 岁时关于笛卡尔 [2] 的那句话中蕴含着极大的智慧，当时笛卡尔在荷兰最孤独的地方生活了 20年，除了零星报道，她只知道他的一篇文章。她说："笛卡尔先生是最幸福的人，他的状况非常令人羡慕。" [3] 当然，正如笛卡尔一样，外部环境必须足够有利，才能让一个人主宰自己的生活和幸福。或者，正如我们在《旧约·传道书》中读到的：

> 对在日光之下的每一个人来说，有智慧又有产业，实在是好得无比的事。[4]

被大自然和命运赐予智慧福气的人，将会最急切和谨慎地保持自身的幸福源泉畅通；为此，独立和闲暇是必要的。为了获得它们，他会愿意节制自己的欲望，将自己的资源保护起来。尤其是他不像其他人一样，为了自己的快乐而局限于外部世界。

因此，他不会被对职位或金钱的期望，或同伴的青睐和掌声所误导，为了迎合低级的欲望和庸俗的品味而投降。在这种

1　克里斯蒂娜（Kristina Augusta，1626—1689），瑞典国王古斯塔夫二世之女，1632 年继承王位。*

2　笛卡尔（Rene Descartes，1596—1650），法国哲学家、数学家、物理学家，代表作有《方法论》《哲学原理》等。*

3　拜耶（Adrien Baillet），《笛卡尔的一生》。

4　《传道书》。

情况下，他会遵循贺拉斯在给梅塞纳斯 [1] 的信中提出的建议。为了外在的人而牺牲内在，为了荣耀、等级、排场、头衔和荣誉，而牺牲一个人全部或大部分的宁静、闲暇和独立，是一件很愚蠢的事情。这就是歌德所做的。我的守护神则将我引向了相反的方向。

我在这里坚持的真理，即"人类幸福的主要来源是内在的"这一真理得到了亚里士多德在《尼各马可伦理学》中最准确的观察的确认，即"每一种快乐都是以某种活动或者施展某种能力为前提的，没有它们，快乐就无法存在" [2]。亚里士多德的学说，即一个人的幸福在于他最高能力的自由锻炼，这也是斯托拜乌斯 [3] 在他对逍遥学派哲学的阐述中阐明的 [4]。他说：

> 幸福意味着在你所从事的所有活动中充满活力并且成功。

他解释说，这里所说的"活力"的意思是对任何事物的"精通"，无论它是什么。大自然赋予人类的那些力量的最初目的，是使人类能够与困扰他的各个方面的困难做斗争。

1　梅塞纳斯（Gaius Cilnius Maecenas，前70—前8），罗马帝国政治家、外交家，同时还是维吉尔、贺拉斯等诗人的赞助人。*
2　《尼各马可伦理学》。
3　斯托拜乌斯（Joannes Stobaeus），约生活于5世纪，将古希腊多位哲人的论著选编为《古训集》一书。*
4　《牧歌集》。

但是，如果这场斗争结束，他未被运用的力量就会成为他的负担。他必须开始用它们来工作和游戏——我的意思是，毫无目的地使用它们，而不是为了避免人类痛苦的另一个来源——无聊，因为他很容易就会感到无聊。上层阶级和富有的人是无聊的最大受害者。

卢克莱修[1]很久以前就描述了他们的悲惨状况，直到今天，他所描述的事实在每一座伟大都市的生活中，仍然可以看得出来：

> 富人很少在自己的府邸里，因为待在那里会让他感到无聊，但他仍然会回到那里，因为他在外面的生活并没有好到哪里去。要不然他就匆匆赶回乡下的房子，仿佛房子着火了似的。他刚到那里，就又感到无聊了，想要在睡梦中将一切都忘掉，要不然就再一次匆匆回城里去。[2]

这些人在年轻的时候，一定肌肉发达并且充满活力，但这些力量不同于头脑的力量，不能长时间保持充分的活力。而在后来的岁月里，他们要么根本没有精神力量，要么因为缺少工作而无法培养出任何才能，从而使他们陷入悲惨的境地。

1　卢克莱修（Lucretius），公元前1世纪罗马共和国末期诗人、哲学家，代表作为哲理长诗《物性论》。*

2　《物性论》。

然而，他们仍然拥有意志，因为这是唯一取之不尽、用之不竭的力量。他们试图通过激烈的兴奋来刺激自己的意志，例如高赌注的赌博——毫无疑问，这是最堕落的恶习。人们可以普遍地说，如果一个人发现自己无事可做，他肯定会选择适合自己擅长的那种力量的娱乐方式——可能是滚球，也可能是国际象棋、打猎或绘画、赛马或音乐、纸牌或诗歌、纹章学或哲学，或其他一些业余兴趣。

　　我们可以按照一定的方法将这些兴趣分类，将它们归结为三种基本力量的表达，也就是说，根据构成人的生理结构的因素来划分。而且，通过自己去考虑这些力量，且不说它们可能促进达成的任何明确的目标，只是作为三种可能的快乐来源，每个人都可以根据他所擅长的，从中选择适合自己的。

　　首先是"生命能量"的愉悦，食物、饮料、消化、休息和睡眠的愉悦；在世界上的某些地方，可以说这些都是特有的和全国性的愉悦。其次是"肌肉能量"的乐趣，如散步、跑步、摔跤、跳舞、击剑、骑马和类似的竞技活动，有时采取运动的形式，有时采取军事生活和真实战争的形式。最后是发挥鉴赏力的乐趣，如评论、思考、感受，或爱好诗歌、音乐、学习、阅读、冥想、发明、哲学等。

　　关于每一种快乐的价值，相对价值和持续时间，可以说的有很多，但是我想让读者自行补充。不过每个人都会看到，所发挥的力量越高尚，它给人的快乐就越多。因为快乐总是涉及运用自己的能力，而幸福就在于频繁地重复快乐的过程中。没有人会否认，在这方面，发挥鉴赏力的愉悦比其他两种基本类型中的任何一种都更为高级。因为后两者平等地存在于——
不，在更大程度上存在于野兽之中。

正是这种占主导地位的鉴赏力，使人区别于其他动物。现
在，我们的精神力量是鉴赏力的各种形式，因此其压倒性的数
量使我们能够获得与心灵有关的那种快乐，即所谓的"智力愉
悦"，而且鉴赏力越是占主导地位，快乐就会越多。[1]

正常的普通人只是对能激发其意志的东西产生鲜明的兴

---

[1] 自然界呈现出一种不断进步的状态，从无机世界的机械和化学活动到植
物（沉闷地自得其乐），再到动物世界，从那里开始有智力和意识，起初
非常微弱，经过许多中间阶段之后才达到人类最后的伟大发展。人类的
智力是大自然的顶点，是自然所有努力的目标，也是其所有作品中最完
美和最困难的。即使在人类智力的范围内，也有许多可以观察到的程度
上的差异，很少有人的智力能达到其最高点。狭隘和严格意义上的所谓
"智力"，是大自然最完美的产物，因此是世界上最稀有、最珍贵的东西。
自然的最高产物是最清晰的意识，在这种意识中，世界比其他任何地方
都更清楚、更完整地反映自身。被赋予这种智力的人拥有世上最高尚、
最好的东西，因此与其他所有人相比，他拥有一个快乐的源泉。对于周
围的环境，他只要求有闲暇来自由享受自己所拥有的东西；可以说，时
间是用来擦亮他的钻石。所有其他非智力的快乐都是较为低级的，因
为它们都是意志的运动——如欲望、希望、恐惧和野心。不管指向什么
方向，它们总是以痛苦为代价而得到满足；就野心而言，通常或多或少
不过是幻想。另一方面，有了智力上的愉悦，真理就会变得越来越清
晰。在智力领域，痛苦没有力量，知识是最重要的。此外，智力的愉悦
是完全可以获得的，而且只能通过智力的媒介来实现，并受到其能力的
限制。对一个毫无智力的人来说，世界上所有的智慧都是无用的。然而，
这一优势也伴随着实质性的劣势。因为整个自然界都表明，随着智力的
增长，感受痛苦的能力也随之增加，只有智力达到最高水平，痛苦才会
达到极致。

趣，也就是说，对他来说是个人兴趣爱好的事物。但至少可以说，意志的持续兴奋从来就不是一种不加混合的好东西；换句话说，它也包含了痛苦。玩牌，无处不在的"美好社会"的普遍消遣，是提供这种刺激的一种手段，而且也是通过兴趣的手段，来产生轻微和短暂的痛苦，而不是真正的、永久的痛苦。事实上，玩牌只是对意志的一种挠痒。[1]

另外，一个具有强大智力的人能够以纯粹知识的方式，对事物产生鲜明的兴趣，而不是混合的意志；不，这种兴趣对他来说是必要的。这一兴趣将他放在与痛苦毫不相干的领域中——一种更加神性的氛围，众神在那里安详地生活着。[2]

看看这两幅图画——大众的生活，一份漫长而枯燥的挣扎和努力的记录，完全致力于个人福利的微不足道的利益，各种形式的痛苦。一种一旦这些目标得到满足，人又回到自己身上，

---

[1] 从根本上说，庸俗是一种意识，在这种意识中，意志完全凌驾于智力之上，而智力只不过是为它的主人——"意志"服务。因此，当意志不提出要求、不提供动机时，无论强弱，智力都会完全失去力量，结果是头脑完全空虚。没有智力的意志是世界上最庸俗、最普通的东西，每个愚蠢的人都拥有这种东西，他们在满足自己的激情时，显露出自己是块什么材料。这就是一种被称为"庸俗"的心理状态，在这种状态下，唯一活跃的元素是感官，以及理解感官材料所必需的少量智力。因此，庸俗的人总是乐于接受各种印象，并立即察觉到他周围发生的一切琐碎的事情——最轻微的耳语、最琐碎的状况，都足以唤起他的注意；他就像一只动物。这样的人的精神状态在他的脸上以及整个外表上都会显现出来。因此，如果像通常情况一样，他的意志（他意识中唯一的因素）是卑鄙、自私、完全不好的，那么这种庸俗、令人厌恶的外表就更加令人反感了。

[2] 《奥德赛》。

被难以忍受的无聊所困扰的生活，在那里，只有狂野的激情之火，才能再次唤起他的某种触动。

另一方面，一个人被赋予了高度的精神力量，过着一种思想丰富、充满活力和意义的生活，只要他一有空，就被有价值的、有趣的东西占据，在他自己身上承载着一种最高贵的快乐的源泉。他想要的外部激励来自大自然的鬼斧神工，来自对人类事务的思考，来自各个时代和国家的伟人的成就。只有这种类型的人才能完全欣赏这些杰作，因为只有他才能完全理解和感受他们。

因此，那些伟大的人只有对他来说才是真正生活过。正是对他，他们发出了呼吁，其余的人只是偶然的倾听者，对这些伟大的人及其追随者只是一半理解。当然，知识分子的这一特点意味着，他比其他人更需要阅读、观察、学习、冥想、练习，简而言之，需要不受干扰的闲暇。因为，正如伏尔泰所说：

没有真正的需求，就没有真正的快乐。

而真正的需求就是他们可以获得快乐的条件，而其他人将这些拒之门外——大自然和艺术以及文学的各种美。将这些快乐堆积在那些不想要也不能欣赏它们的人身边，就像期待老年人坠入爱河。在这方面享有特权的人过着两种生活，一种是个人生活，一种是智识的生活。后者逐渐被视为真正的生活，而前者只是一种手段。其他人则将这种肤浅、空虚和烦恼的存在本身作为目的。

这样一来，一个人会将智识的生活置于所有其他消遣之上：随着洞察力和知识的不断增长，这种智识的生活就像一件慢慢成形的艺术作品，将获得一种一致性、一种不变的强度、一种越来越完整的统一性。与之相比，一种致力于获得个人舒适的生活，一种确实可以扩展，但永远不能深化的生活，只是一种拙劣的表现。然而，正如我所说的，人们将这种更为卑贱的存在本身当作一种目的。

每一天的平凡生活，只要不被激情所感动，就是枯燥乏味的；而如果真的被激情感动，很快就会变得痛苦。只有那些自然界偏爱的人才是幸福的，他们拥有一些多余的智力，超越了实现其意志所必需的东西。因为这使他们也能够过上理智的生活，一种没有痛苦的生活，充满了鲜活的兴趣。仅仅只有闲暇，也就是说，不为意志服务的智力，其自身是不够的：必须有真正的能力过剩，从意志的服务中解放出来，致力于智力的服务。因为，正如塞涅卡所说：

不识字的闲暇是一种死亡，一座活的坟墓。

随着过剩的数量不同，在这个第二生命、心灵的生命中将会有无数的发展；它可能仅仅是对昆虫、鸟类、矿物、硬币的收集并贴上标签，或者是达到诗歌和哲学的最高成就。心灵的生活不仅使人免于无聊，还可以抵挡无聊的有害影响。它使我们远离坏人，远离许多危险、不幸、损失和奢侈，这是那些将自己的幸福完全放在客观世界中的人肯定会遇到的。例如，我的哲学从来没有给我带来一分钱，但它为我节省了很多费用。

普通人将生命中的幸福放在外部的事物上，包括财产、地位、妻子和孩子、朋友、社交等，所以当他失去他们或者发现他们令人失望时，他幸福的基础就被摧毁了。换句话说，他的重心不在他自己，伴随着每一个愿望和心血来潮，它不断地改变着他的重心。如果他是一个有钱人，今天是他在乡下的房子，明天是买马，或招待朋友，或旅游——简而言之，是一种普遍奢侈的生活，原因是他在外部的事物中寻找自己的乐趣。

就像一个失去了健康和力量的人，他试图通过服用汤水和药物来恢复，而不是通过发展自己的生命力——他所失去的东西的真正源头。在进行相反的研究之前，让我们将介于两者之间的人与这种普通类型的人进行比较。这样一个普通人可能被赋予了卓越的智力，不是完全具有卓越的思维能力，而是拥有比一般人更高的智力。他会对艺术产生业余兴趣，或者将注意力放在科学的某些分支上，例如植物学或者物理学、天文学、历史学，并在这些研究中找到巨大的乐趣。当幸福的外在力量耗尽或不能再满足他时，他会用这些研究来娱乐自己。

对这样一个人来说，可以说他的重心部分在他自己身上。但是，对艺术的业余兴趣与创造性活动是一件非常不同的事情；业余的科学追求往往是肤浅的，而不是穿透到事物的核心。一个人不能完全认同这样的追求，也不能让他的整个存在完全充满并渗透到这些追求之中，以至于对其他一切都失去兴趣。

只有最高的智力力量，也就是我们所说的"天才"，才能达到这种强度，将所有的时间和存在作为主题，并努力表达其独特的世界观，无论这种世界观是否将生命作为诗歌或哲学的主题来思考。因此，对这样一个人来说，不受干扰地拥有自己、自己的思想和工作，是一种迫切的需求。孤独是受欢迎的，闲暇是最好的，其他一切都是不必要的，甚至是繁重的。

这是唯一一种可以说重心完全在自己身上的人，这就解释了为什么这类人——他们非常罕见——无论他们的性格多么优秀，都不会表现出对朋友、家人和整个集体的热情和无限的兴趣，而其他人往往会这样。因为如果他们只有自己，他们不会为失去其他一切而悲伤。这给他们的性格带来了一种离群索居的特点，因为其他人从来没有真正满足过他们。

总的来说，他们与其他人的性质是不同的。不仅如此，而且因为这一差异不断地提醒他们与其他人是不同的，所以他们习惯于作为外来者在人类之间游走，并且在总体上思考人性的时候，会说"他们"而不是"我们"。

因此，我们得出的结论是：**被大自然赋予智力财富的人是最幸福的。**的确，相比客观方面，我们更关注主观方面。因为无论前者是什么，它只能间接地、次要地，并通过后者来影响我们。琉善[1]精妙地表达了一个真理：

真正的财富只能是灵魂的内在财富，

1　琉善（Lucian，约 125—180），罗马帝国时代的古希腊修辞学家，著有《诸神对话》等。*

其他财富带来的烦恼多于好处。[1]

拥有内在财富的人除了不受干扰的闲暇这一礼物，别的什么都不想要，他只想去发展和成熟自己的智力，也就是享受自己的财富。简而言之，他的整个一生都想要做他自己，每一天、每一个小时都是如此。如果他命中注定要给整个人类留下深刻印象，他只有一个衡量幸福或不幸福的尺度——成功或失败地完善他的力量和完成他的工作。其他的都是小事。因此，各个时代最伟大的思想家都将不受干扰的闲暇视为最高价值，其价值与人本身的价值完全一样。亚里士多德说：

幸福似乎存在于闲暇中。[2]

第欧根尼·拉尔修[3]在《名哲言行录》中说：

苏格拉底称赞闲暇是所有财产中最公平的。

所以，在《尼各马可伦理学》中，亚里士多德得出结论：致力于哲学的生活是最幸福的。或者，正如他在《政治学》中

1　《隽语集》。

2　《尼各马可伦理学》。

3　第欧根尼·拉尔修（Diogenes Laertius，200—250），罗马帝国时代的古希腊哲学史家，著有《名哲言行录》。*

所说：

> 任何力量的自由行使，无论它是什么，都是幸福。[1]

这再次符合歌德在《威廉·迈斯特》中所说的：

> 一个有与生俱来的天赋的人，在使用天赋中找到
> 了最大的幸福。

但是，拥有不受干扰的闲暇，远不是普通的生活。这是一种与人性格格不入的东西，因为普通人的命运就是花费一生的时间，去获取他自己和他的家庭生存所必需的东西。他是奋斗与需求之子，而不是自由的智慧之子。因此，人们很快就会对不受干扰的闲暇感到无聊，如果没有任何虚构和强迫的目标占据它，比如玩耍、消遣和各种爱好，它就会成为一种负担。

正因为这个原因，它充满了可能的危险，"大声喧哗的总是无事可做的人"是一句实话——如果你无事可做，就很难保持安静。另一方面，远远超过常人标准的智力既是不自然的，也是不正常的。但是如果它存在，并且被赋予它的人是快乐的，他将恰恰想要别人认为繁重或有害的那种不受干扰的闲暇。因为没有它，他就是一匹被人奴役的飞马，因此而不快乐。

如果这两种不自然的情况，外在的和内在的，不受干扰的

1　《政治学》。

闲暇和伟大的智力，碰巧在同一个人身上重合，那就是一大笔财富。如果命运到目前为止是有利的，那么一个人就可以过上更高的生活，这种生活受到了保护，使其免于遭受人类痛苦的两个相反的来源——痛苦和无聊——免于痛苦的生存斗争，以及无法持久的闲暇（这本身就是自由的存在）。只有将痛苦和无聊这两者相互中和，才能避免让我们受苦。

但是，有些人是反对这一观点的。伟大的智力天赋意味着超常的神经活动，因此对各种形式的疼痛都有非常高的敏感度。此外，这样的天赋暗示着一种强烈的气质，其想法更多且更加生动。而作为巨大智力力量不可分割的伴奏，使得它的拥有者会有相应的强烈情感，并且这些情感无比强烈，以至于对普通人来说已经是一种折磨。现在，世界上有更多的东西产生的是痛苦，而不是快乐。

同样，智力的巨大禀赋往往会使拥有它的人与其他人以及他们的所作所为格格不入。因为一个人在自己身上拥有得越多，在他人身上发现得就越少；而其他人从中获取快乐的各种事情，他会认为肤浅而乏味。那么，这也许是补偿法则普遍适用的另一个例子。人们经常听到这句话，并带着一些似是而非的说法，说心胸狭窄的人实际上是最幸福的，尽管他的命运并不令人羡慕。在这一点上，我可以让读者自行判断；更何况，索福克勒斯[1] 已经表达了两种截然相反的观点：

1　索福克勒斯（Sophocles，前 496—前 406），古希腊三大悲剧作家之一，代表作有《安提戈涅》《俄狄浦斯王》等。*

智慧是幸福中最大的部分。[1]

在另一段话中，他又宣称：

轻率的人的生活，是所有人中最愉快的。[2]

旧约的哲学家们也发现自己处于类似的矛盾之中：

傻瓜的生命比死亡还糟糕。[3]

又说：

有多少智慧就有多少忧伤，增加知识的人也增加
忧愁。[4]

然而，我可以说，一个没有精神需求的人，因为他的智
力有限而且正常，从严格意义上讲，是所谓的"平庸之辈"
（*philistine*）——这个词一开始是德语中的特有表达，是大学里
的一种俚语，后来用于类比，在更高的意义上使用，虽然在它

1　《安提戈涅》。
2　《埃阿斯》。
3　《传道书》。
4　《传道书》。

的原始意义上，它指的仍然是那些并非"缪斯之子"的人。平庸之人一直平庸。

我宁愿站在更高的角度，用"平庸之辈"这个词来形容那些总是严肃地忙于非现实的现实的人。但是，由于这样的定义将是一个先验的定义，因此一般不容易理解。它在本书中出现并不恰当，因为这本书的目的是为了流行。另一个定义可以更容易地解释，因为它已经足够令人满意地指出了所有那些将平庸之辈区分开来的本质。他被定义为"没有精神需求的人"。从这一点可以看出，首先，关于他自己，他没有"智力上的快乐"；因为正如前面所说，**没有真正的需求，就没有真正的快乐。**

平庸之辈没有获得知识和洞察力的欲望，也没有体验真正的审美愉悦的欲望。如果这种快乐是一种时尚，平庸之辈发现自己不得不关注它们，他会强迫自己这样做，但他会尽可能少地对它们感兴趣。他唯一真正的快乐是一种感官上的快乐，他认为这些快乐可以补偿其他方面的失落。对他来说，牡蛎和香槟是最高境界的存在物；他的人生目标是获得对他身体健康有贡献的东西，如果这给他带来了一些麻烦，那他就的确乐在其中了。如果生活的奢侈品堆积在他身上，他难免会感到无聊，而为了避免无聊，他有很多幻想的药方，如舞会、剧院、聚会、打牌、赌博、马、女人、喝酒、旅行等。所有这些都不能确保一个人免于无聊，因为没有智力需求，就不可能有智力乐趣。

庸俗之人的独特特征是一种枯燥无趣的严肃，类似于动物的严肃。没有什么能真正使他高兴、兴奋或感兴趣，因为感官上的快感很快就会耗尽，而平庸之辈的社交很快就会变得繁重，他们甚至可能对打牌感到无聊。诚然，还剩下虚荣带来的快感。他以自己的方式享受这一快感，要么是觉得自己在财富、地位，或者是对其他人的影响力和权力上具有某种优越性，而其他人随之对他报以尊敬；或者至少，通过与那些非富即贵的人交往，围着他们打转而觉得沾了光——英国人称之为"势利小人"。

其次，从平庸之辈的本质出发，对于其他人，由于他没有智力上的需求，而只有身体上的需要，他会寻求那些能够满足后者的社交圈子，而不是满足前者的。他最不希望从朋友身上得到的，是拥有任何形式的智力能力；如果他有机会遇到它，就会激起他的反感甚至仇恨。仅仅是因为除了一种令人不快的自卑感，他在心里还感受到一种暗暗的嫉妒，这种嫉妒甚至要小心地被自己隐藏起来。

然而，这种嫉妒有时会演变为一种隐秘的敌意。尽管如此，他永远不会想要以这些品质为标准，来塑造自己的价值观念。他将继续偏爱等级和财富、权力和影响力，在他看来，这些似乎是世界上唯一真正的优势，他希望自己在这些方面飞黄腾达。所有这一切，都因为他是一个"没有智力需求"的人。所有平庸之辈最大的苦恼，是他们对思想不感兴趣，而且为了逃避无聊，他们不断地需要现实。但现实要么令人不满，要么令人感到危险；当他们失去兴趣时，就会变得疲惫。但理想的世界是无止境的、平静的，

它是那么遥远，

远离尘世间的悲伤。

注：在这些关于带来幸福的个人品质的评论中，我主要关注的是人的身体和智力的本质。关于道德对幸福的直接影响，请参阅我的获奖论文《论道德的基础》（*The Foundation of Morals*，第 22 节）。

第三章　财产，或一个人拥有的东西

伟大的幸福论导师伊壁鸠鲁将人类的需求准确且精当地分为三类。第一类是自然的和必要的需求，当不满足时，会产生痛苦。只有食物和衣服属于这类需求，这些是很容易满足的。第二类需求虽然是自然的，但并不是必需的，例如某些感官需求。

然而，我可以补充的是，在第欧根尼·拉尔修所著的《名哲言行录》中，伊壁鸠鲁并没有提到他所指的是哪种感官。所以在这一点上，我对他的学说的叙述比原版更加明确和准确。这些都是更难满足的需求。第三类是既不自然也不必要的需求，那就是对奢侈、挥霍、炫耀和豪华的追求，这些永远没有尽头，也很难满足。[1]

即便不是不可能，我们也很难为对财富的欲望做一个合情合理的限制，因为没有绝对或确定的财富数量可以使一个人满足。数量总是相对的，也就是说，只要能维持他想要的和他得到的东西之间的一定比例就可以了。因为仅仅以一个人得到的东西，而不是他期望得到的东西来衡量一个人的幸福，就像试

1　引自《名哲言行录》；及西塞罗《论至善》。

图表达一个只有分子而没有分母的分数一样徒劳。

一个人不想得到的东西，也就无所谓失去；没有它们，他也一样快乐。而另一个人可能拥有一百倍的东西，但他感到很痛苦，因为他没有得到他想要的东西。事实上，在这里，每个人都有他自己的范围，他会期待尽可能多得到他认为自己可以得到的东西。如果他范围内的一个目标看起来像是他可以自信地指望得到它，那么他是快乐的；但是如果困难阻碍了他，他就是痛苦的。在他视野之外的东西，对他一点影响都没有。

因此，富人的巨大财富不会激怒穷人；相反，富人希望落空的时候，不会因为手上拥有的所有财富而获得安慰。财富就像海水，你喝得越多，就会变得越渴；名声也是如此。倘若一个人丧失了财富和成功，但是一旦挺过第一波阵痛，他的性情就会变得和以前一样。这是因为，一旦命运减少了他的财产的数量，他自己就会立即降低他对财产的要求。

但是，当不幸降临到我们身上时，减少要求的数量才是最为痛苦的。然而一旦我们这样做了，痛苦就变得越来越少，直到再也感觉不到，就像愈合了的旧伤口。相反，当好运降临到我们身上时，我们的要求会越来越高，因为没有什么可以约束它；它的乐趣就在于这种膨胀的感觉之中。

但是，好运持续的时间并不比过程本身更长，当扩张完成时，快乐就停止了。我们已经习惯了增加要求，因此对满足这些要求的大量财富反倒变得无动于衷。《奥德赛》中有一段说明了这一事实，我可以引用其中几行：

住在地上的人的想法，

如同神和人之父所赐给他的日子一样，

阴晴不定。[1]

　　当我们不断提高我们的要求，但是又无力满足这些要求的时候，不满就产生了。人类有各式各样的需求，并且总是围着这些需求转，对财富的尊重甚至崇拜胜过世界上其他任何东西，也就不足为奇了。我们同样不应该感到奇怪的是，财富的增长被当成生活中唯一的好事，其他所有东西都被抛到一边——例如哲学就被那些宣称信奉它的人所抛弃。

　　人们常常因为最渴望的是金钱，对金钱的爱胜过一切而受到责备。但是人们爱它是自然的，甚至是不可避免的，因为金钱就像不知疲倦的普罗透斯[2]，总是准备把自己变成人们飘忽不定的愿望或各种各样的欲望暂时指定的对象。其他的一切只能满足一个愿望、一个需求：饥肠辘辘时的食物，身强力壮时的烈酒，生病之时的药物，寒冬时的皮草，年轻时的云雨之欢，等等。它们的好处是相对的。金钱本身是绝对好的，因为它不仅是对某一特定需求的具体满足，而是对所有需求的抽象满足。

　　如果一个人有独立的财富，他应该把它看作是抵御他可能

1　《奥德赛》。

2　普罗透斯（Proteus），希腊神话中的海神，外形经常变化，有预知未来的能力。*

会遇到的许多邪恶和不幸的堡垒；他不应该把它看作是给他许可，去获得他能从这个世界上得到的快乐，或者是使他有义务这样花掉它。那些不是生来就有的财富，但最终通过运用他们所拥有的天赋而获得一大笔财富的人，几乎总是会认为他们的才华就是他们的资本，他们所获得的钱仅仅是他们从中获得的利息。他们不会把收入的一部分存起来形成永久资本，而是花掉他们的钱，因为钱是他们自己挣的。

因此，他们经常陷入贫困；他们的收入减少，或者完全消失，要么是因为他们的才华因为变得过时而财源枯竭——例如在美术界经常发生的情况；要么他们的才华依赖于特殊的机遇，当这一机遇过去了的时候，财路也就断了。那些普通工人靠双手挣来的钱，可以按照他们自己的意愿来花销，因为他们的那种技能不太可能消失，或者如果消失了，他们可以雇用帮工来干活；更重要的是，他们所做的那种工作总是有需求的。所以谚语说得很对：

一样有用的手艺是取之不尽的财富。

但对于各类艺术家和专业人士来说，情况却截然不同，这就是他们获得高薪的原因。他们应该用他们的收入建立本金，但是他们鲁莽地把它们仅仅看作利息，最终以破产告终。另外，继承金钱的人至少知道如何区分本金和利息，并且他们中的大多数人试图使他们的本金安全，而不是动用它。如果可以的话，他们应当至少把八分之一的利息存起来，以便应付将来出现的意外。

所以，他们中的大多数人都能保住自己的位子。这几句关于本金和利息的话并不适用于商业生活，因为商人们只把钱看作是一种获取更多利益的手段，就像一个工人对待他的工具一样。所以，即使他们的本金完全是他们自己努力的结果，他们也试图通过使用它来保存和增加它。因此，财富在商人阶层中更为妥帖。

人们通常会发现，与那些只通过传闻了解贫穷的人相比，那些亲身经历过贫穷是什么的人对它的恐惧要少得多，因此更倾向于奢侈。在良好环境中出生和成长的人通常对未来更加谨慎，事实上，他们比那些因运气好而突然从贫穷变得富有的人更加节俭。贫穷似乎并不像从远处看起来的那样，真的是一件很不幸的事情。

然而真正的原因是，出生在富裕地位的人逐渐将财富看作没有它就不能生活的东西，就像空气一样。他守护着它，就像他保护自己的生命一样。因此，他通常是一个爱秩序的人，谨慎而节俭。但是，出身贫寒的人却把贫穷看作是自然的，如果碰巧一笔财富降临到他头上，他就会将这一财富看作多余的、可以享受或浪费的东西。因为，如果千金散尽，他也可以和以前一样过得很好——对于焦虑少一些的人来说。或者，正如莎士比亚在《亨利六世》中所说的：

乞儿得马，骑死方罢。

是否属实，有待查证。[1]

　　但是应该说，这类人有一种坚定和过度的信任，一部分是对命运的信任，一部分是对已经使他们脱离贫困的特殊手段的信任——不仅是对头脑的信任，而且是对心灵的信任。因此，他们不会像生来富有的人那样，把贫穷的浅滩视为无底深渊，而是用这样的想法来安慰自己：一旦他们再次触地，也还可以再次向上飞翔。

　　正是这一人性特征，解释了这样一个事实：婚前贫穷的女性往往比那些给丈夫带来丰厚嫁妆的女性要求更多，也更奢侈。因为一般来说，富家女不仅会带来一笔财富，而且比起贫穷的女孩子，她们有一种更为热切的、来自遗传的保存财富的本能。如果有人怀疑这一点的真实性，并认为恰好相反，他将在阿里奥斯托的第一部讽刺作品中找到自己观点的权威论证。但另一方面，约翰逊[2]博士同意我的观点。他说：

　　　　一个有钱的女人习惯于打理金钱，会明智地花钱；但是，一个女人在结婚后第一次掌握了金钱的控制权，会如此热衷于花钱，以至于她大手大脚地把钱

1　《亨利六世》，第三部分，第一幕，第四场。

2　约翰逊（Samuel Johnson，1709—1784），英国诗人、作家、文学评论家，曾编著《莎士比亚集》《英语大辞典》。*

给挥霍掉了。[1]

不管怎样，我建议任何娶了一个穷女孩的人不要把本金留给她，而只给她留下利息，并且特别留意，不要让她去管理孩子们的财产。

当我建议人们小心保存他们所赚取或继承的东西时，我绝不认为我触及了一个不值一提的问题。因为一个人一开始就拥有足够的财产，能够独立生活，也就是说，一个人不用工作就能过上舒适的生活——即使一个人仅够自己生活，谈不上养家——这也是一种再怎么强调也不为过的优势。因为这意味着这个人摆脱了像瘟疫一样束缚人的贫穷与操劳，他也就从普罗大众的苦役中获得了解放，而这样的苦役是每个凡夫俗子的自然命运。只有得到命运如此垂青的人，才能被说成生来就是真正自由的，是自己的主人，掌控自己的时间和力量，并且能够每天早上说："今天是我自己的。"

正因为同样的原因，一年拥有 100 英镑的人和拥有 1000 英镑的人之间的差异，比前者和一个一无所有的人之间的差异要小得多。但是，当继承的财富落在被赋予了高级精神力量的个人身上时，这笔遗产就能发挥最大的价值。他决心追求一种与赚钱不相容的生活方式，因为这样他就受到了命运的双重馈赠，可以为他的天才而活。他将通过完成其他人无法实现的成就，通过创作一些有助于大众利益的工作，为整个人类的荣誉

1　鲍斯韦尔（James Boswell），《约翰逊传》（*Life of Johnson*）。

做出贡献，来偿还他对人类的百倍债务。如果换作别人，他可能会利用他的财富来做慈善，并为同胞的福祉做出贡献。

但是，一个不做这些事情，甚至不尝试去做的人，从来不试图学习任何一个学科的基础知识，以支持和推动一个学科的发展。这样一个人虽然生来就富有，但他只不过是一个游手好闲的人、时间的窃贼、一个可鄙的家伙。他甚至不会快乐，因为免除需求使他上升到人类痛苦的另一个极端——无聊。他被无聊百般折磨，以至于贫穷找上门来，他都会感觉好得多。并且因为他感到无聊，所以他就容易挥霍，因而失去了他所表现出来的不配拥有的优势。无数人发现自己处于贫乏之中，原因很简单：当他们有钱的时候就会花掉这些钱，只是为了从折磨他们的无聊中获取片刻的解脱。

如果一个人的目标是在政治生活中取得成功，那就是另一回事了。为此他必须赢得人情、朋友和人脉，这样就能步步高升，直至晋升到最高职位。在这种生活中，出生时一名不文反而更好。如果一个有抱负的人不是出生于贵族家庭，而是拥有某些才能，那么做一个彻彻底底的穷光蛋将会对他更有好处。因为每个人在与同伴的日常交往中，最大的目的就是证明他们不如自己，而在政治上更是如此。

现在，只有出身贫寒的人，才能从各个角度确信自己完完全全、彻头彻尾的低贱，对自己的完全无足轻重和毫无价值有极其彻底的信念，这样他才能在政治机器中悄悄地占据一席之地。他是唯一可以90度低头鞠躬的人；只有他可以屈从于一切并加以嘲笑，只有他自己知道所有的美德都是毫无价值的。

只有他在说到或者写到他们的上级或者有势力的人物时会大肆吹捧，如果这些人写了一点不入流的作品，他就准备把它作为一部杰作来鼓掌喝彩。只有他知道如何摇尾乞怜。因此，当他还没有走出童年的时候，他就深谙厚黑之道，这一神秘的道理由歌德加以阐明：

> 任何人都不要抱怨卑鄙，
> 因为无论人们怎么说，它都是强大的。

而另一方面，生来就衣食无忧的人，一般都有一定程度的独立心态。他习惯于昂首挺胸，他还没有学会乞丐的所有艺术。也许从长远来看，他会逐渐认识到那些位居高位之人的低劣之处，当他们试图侮辱他时，他变得倔强或畏缩。这不是在这个世界上获得成功的方式。不，这样的人至少会倾向于认同伏尔泰直率表达的观点：

> 我们只有两天的生命，不值得我们花时间向卑鄙
> 的无赖折腰。

但是，顺便说上一句，"卑鄙的无赖"这样一个词，可以用在这世上很多人身上！尤维纳利斯 [1] 说：

1　尤维纳利斯（Juvenal，约 60—127），古罗马讽刺诗人，以揭露贵族和统治者丑行的讽刺诗闻名于后世。*

如果你的贫穷大于你的才华，

你就很难变得更加成功。

这句话更适用于艺术和文学界，而不太适用于那些有政治和社会野心的人。

对于"一个人拥有的东西"这一类别，我还没有将妻子和孩子算在男人的财产之内——不如说他是他们的财产。将朋友放在这一类别会更加容易，但是一个人的朋友既属于他，他也同样属于他的朋友。

第四章　地位，或一个人在他人眼中的位置

名　誉

由于人性的一种特殊弱点，人们通常会过多地考虑别人对自己所形成的观点。尽管哪怕稍微思考一下就能明白，这样的观点，无论它是什么，本身并不是幸福所必需的。因此，很难理解为什么当一个人认为别人对他的评价很好，或者说任何迎合其虚荣心的话时，会感到如此高兴。

如果你抚摸一只猫，它会"咕噜"地叫；如果你赞美一个人，他的脸上必然就会出现一种甜蜜而喜悦的表情。即使这种赞美明显是个谎言，只要这件事是他引以为傲的，那么这种赞美就是受欢迎的。如果只有其他人会为他鼓掌，一个人可能会为自己彻底的不幸，或从之前已经讨论过的两种人类幸福来源中获得的微薄收获而安慰自己。

相反，令人惊讶的是，一个人对他的自尊心所受到的任何伤害，都会无可避免地感到恼火。在某些情况下，他会感到深深的痛楚，无论伤害的性质、程度如何，或受到伤害的情境为何，或是通过任何贬低、怠慢或忽视而造成的。

如果荣誉感建立在人性的这种特质之上，那么作为道德的替代品，它可能会对许多人的福祉产生非常有益的影响。但是

对于他们的幸福，尤其是对于幸福所必需的心灵的平和与独立而言，它的影响将是令人不安和有害的，而不是有益的。

因此，在我们看来，明智的做法是对这一弱点加以限制，并适当地考虑且正确地估计优势的相对价值，从而尽可能地缓和这种对他人意见的极大敏感性，无论这种意见是对我们虚荣心的奉承，还是会给我们带来痛苦。因为无论在哪种情况下，被触动的感受都是一样的。如若不然，人就是他人乐于思考的东西的奴隶，而且只需要很短的时间，就能扰乱或安抚那些贪恋赞美之心：

> 让一个渴求赞美的人沮丧或者振奋的话，
> 其实无足轻重。[1]

因此，如果我们适当地将一个人自身的价值，与他在别人眼中的价值进行比较的话，将会非常有助于增进我们的幸福。

一个人的"自身"包含我们生命存在的跨度中涵盖的一切，并使之成为它的本来面目。简而言之，即我在"人格"和"财产"为标题的两章中已经考虑和总结的所有优点。而所有这些，都发生在人自己的意识范围之内。另一方面，他人对我们的看法属于他们的意识范围，而不是我们的；它是我们在他们眼中

1　贺拉斯，《书札》。

形成的那种形象，以及由此引发的想法。[1]

但这对我们来说并不是直接和即时的存在，只能间接地影响我们，也就是说，他人对我们的行为是由它引导的。即便如此，这对我们的影响仅仅在于，它可以让我们去修正"我们所是和我们的所有物"。

除此之外，在他人的意识中发生的事本身就是我们不感兴趣的。随着时间的推移，当我们看到大多数人的想法是多么肤浅和徒劳，他们的想法是多么狭隘，他们的情感是多么卑鄙，他们的观点是多么反常，以及他们中的大多数人有多少错误时，就真的变得无动于衷了。

当我们从经验中了解到，当一个人不必害怕他的同伴，或者认为他所说的话不会被人听到的时候，他会说出多么粗鄙的话语。如果我们曾经有机会看到，最伟大的人只会遇到六个笨蛋的轻视，我们就会明白，把别人的话看得太重，就是太过于信任他们了。

在任何情况下，当一个人在前面已经讨论过的前两种福气中找不到福气的源泉，而不得不在第三种福气中寻找——换句话说，不是从他自己身上，而是从"他在别人眼中是什么"上找——那他就会处于一种非常糟糕的境地。因为毕竟，我们整个本性的基础（也就是我们幸福的基础）是我们的体格，而幸

1　让我来强调一下：在生活中处在最高地位的人们，虽然有着光辉、浮华、炫耀、堂皇和一般性的虚饰，但他们很可能会说："我们的幸福完全在我们之外，因为它只存在于他人的头脑中。"

福中最重要的因素是健康，其次是保持自己独立和自由的能力，仅次于健康。一方面，这些基本要素之间不可能存在竞争或补偿；另一方面，无论我们对后者有多大的重视，荣誉、盛名、等级和声誉之间都不可能存在竞争或补偿。

如果有必要，人们会毫不犹豫地为前者而牺牲后者。我们应该及时认识到一个简单的事实，即每个人主要和真实的存在都是在自己的身上，而不是在他人的观点中，从而大大增加了我们的幸福。因此，我们个人生活的实际情况——健康、气质、能力、收入，妻子、孩子、朋友、家庭——对我们的幸福来说，比他人想要怎么看待我们重要百倍，否则我们将痛苦不堪。如果人们坚持认为荣誉比生命本身更宝贵，那么他们真正的意思是存在和幸福，与他人的观点相比毫无意义。

当然，这可能只是用一种夸张的方式来陈述平淡的事实，如果我们想要在世界上取得任何进步，声誉（别人对我们的看法）是必不可少的，但这一点我们稍后再谈。当我们看到，几乎所有人类奉献一生去争取的东西，在这个过程中不遗余力地遭遇千百次辛劳和危险，最终除了提高别人对自己的评价，别无其他目的。当我们看到，不仅办公室、头衔、装饰，而且财富——不，甚至知识[1] 和艺术——作为所有努力的最终目标，只是为了从一个人的同胞那里获得更多的尊重，这难道不是一个可悲的证据，证明人类可以愚蠢到何种程度吗？

把他人的意见看得太重，是一个普遍的错误。这一错误可

---

[1] 若他人不知你拥有知识，它就毫无用处。

能植根于人性本身，也可能是文明和总体社会安排的结果。但是，无论其来源如何，这对我们所做的一切都产生了极为过度的影响，并且对我们的幸福非常有害。我们可以将其追溯到对他人会说什么的忌惮和盲目的重视，直到这种感觉让维吉尼乌斯把匕首刺进女儿的心脏[1]，或者诱使许多人为了死后的荣耀而牺牲安宁、财富、健康甚至生命本身。毫无疑问，这种感觉在那些控制或指导同胞的人手中是一种非常方便的工具。因此我们发现，在每一个以应有的方式培养人性的方案中，维护和加强荣誉感都占据着重要的位置。

但是，这对人类幸福的影响是完全不同的，这是我们在这里要讨论的对象。我们应该更小心地劝阻人们，不要过于看重他人对自己的看法。然而，日常经验告诉我们，这正是人们坚持要犯的错误。大多数人最看重的就是他人的想法，相比于自己意识中发生的事，他们对别人的想法更加关心，而意识中发生的事才是直接呈现给他们的东西。他们颠倒了自然秩序——将他人的观点视为真实存在，将自己的意识视为某种模糊的东西；使派生和次要成为主体，并认为他们呈现给世界的印象比自己本身更重要。

因此，通过试图从没有真正直接或即时存在的事物中获得直接和即时的结果，他们陷入了被称为"虚荣"的那种愚蠢，而"虚荣"正是对没有真实价值的东西的恰当称呼。就像守财奴一

1　指古罗马百人队长维吉尼乌斯（Virginius）因女儿维吉尼亚（Virginia）被执政官克劳狄欺侮，为保护女儿的贞洁而将她杀死的故事。*

样，这样的人在急于获得手段的过程中忘记了目的。

事实是，我们对他人意见的重视，以及我们朝着他人意见的不断努力，与我们可能合理希望达到的任何结果都不相称。因此，这种对他人态度的关注，可以被视为一种每个人都会遗传下来的普遍狂热。在我们所做的一切中，我们几乎第一件想到的事就是"人们会说什么"。生活中将近一半的烦恼和忧愁，都可以追溯到我们在这个问题上的焦虑。这种焦虑是所有自我重要感的主因，这种自我重要感经常被羞辱，因为它有着非常病态的敏感。是的，我们所有的虚荣心和自命不凡，以及我们所有的炫耀和趾高气扬，都是因为对别人将会说的话感到挂怀。

如果没有这种对他人看法的焦虑，世上的奢侈品连十分之一都不会存在。每一种形式的骄傲，无论其种类或范围如何不同，归根结底都是如此——对他人会说什么的焦虑，及其所付出的代价！我们甚至可以在孩子身上看到它，虽然它存在于生命的每个阶段，但是年纪越大越焦虑。因为当感官愉悦的能力丧失时，虚荣和骄傲只会贪婪地一同将人统治。也许法国人提供了这种感觉的最佳例子，其中之一就是一种经常性的流行病，有时会出现在最荒谬的野心中，或者出现在一种荒谬的民族虚荣心和最无耻的吹嘘中。然而，他们对自身的收获感到沮丧，因为其他人取笑他们，称法国为一个"伟大"的国家。

为了特别说明这种对他人意见的反常和热切的尊重，让我们看看 1846 年 3 月 31 日《泰晤士报》上的一个段落，其中详细讲述了一个名叫托马斯·威克斯（Thomas Wix）的学徒，他出于复仇的动机，谋杀了自己的主人。其中有极不寻常的情况和非同寻常的性格，然而非常适合我们讨论的目的；这些因素结合起来，为这种深深植根于人性的愚蠢提供了一幅引人注目的画面，并使我们能够对它将发展到何种程度形成一个准确的概念。报告中说，在行刑的那天早上，监狱牧师很早就开始照顾他，但威克斯除了举止安静，对他的服侍并没有表现出任何兴趣，似乎只是急于在他可耻结局的观众面前"勇敢地"宣判自己无罪……在行进中，威克斯十分乐意地回到了他应有的位置，当他走进礼拜堂的院子时，他大声说："那么现在，正如多德博士所说，我很快就会知道这个大秘密。"一到绞刑架，这个悲惨的可怜虫就在没有丝毫帮助的情况下爬到了垂下的绳子下面，当他到达中心时，他向观众鞠躬两次，这一过程激起了下面堕落的人群的巨大欢呼声。

这是一个极好的例子，当一个人眼前面对的是最可怕的死亡以及此后的永恒，而他却只关心自己给一群人留下的印象，以及自己在人们脑中留下的评价。

同样是 1846 年，在法兰克福，因为企图杀害国王而被处决的勒孔特（Lecompte）也做了很多类似的事情。在审判中，他非常恼火，因为他不能穿着体面的衣服出现在上议院。在行刑的那天，他特别伤心，因为他不被允许刮胡子。

我们并不是直到最近才知道会发生这种事情。马特奥·阿莱曼[1] 在他著名的浪漫故事《古斯曼·德·阿尔法拉切》的序言

---

[1]　马特奥·阿莱曼（Mateo Alemán，1547—约 1615），西班牙作家、小说家，代表作为《古斯曼·德·阿尔法拉切》。*

中告诉我们，许多头脑不清的罪犯不是像他们应该做的那样，将生命的最后几个小时奉献给自己灵魂的安宁，而是为了准备和发表在绞刑架上的演讲而忽视了这一责任。

我认为，这些极端的案例是对我想表达的意思的最佳说明，因为它们放大了我们对自身本性的反映。我们所有人的焦虑，我们的忧虑、烦恼、不安的恐惧和艰苦的努力，在大多数情况下可能是源于别人会说什么。在这方面，我们和那些可悲的罪犯一样愚蠢。嫉妒和仇恨经常可以追溯到相似的来源。

因此很显然，幸福在很大程度上是由心灵的平静和满足组成的，只有在合理的限度内减少这种人性的冲动——也许减到现在的五分之一——才能获得平静和满足。通过这样做，我们应该摆脱总是给我们带来痛苦的肉体中的一根刺。但这是一项非常困难的任务，因为这里讨论的冲动是人性的一种自然和先天的变态。塔西佗[1]说：

> 智者最后摆脱的一样东西，就是对名誉的渴望。[2]

结束这种普遍愚蠢的唯一方法，就是清楚地看到它是一种愚蠢。而这可以通过认识到这样一个事实来实现，即人们头脑中的大多数观点都很容易是错误、反常和荒谬的，因此本身就

1　塔西佗（Tacitus，约 55—120），古罗马历史学家、辩论家、政治家，著有《历史》《编年史》《日耳曼尼亚志》等。*

2　《历史》。

不值得关注。此外，在生活的大多数情况和事件中，他人的观点对我们真正和积极的影响是很小的。

同样，这种观点通常是如此令人不快，以至于一个人听到关于他的每一句话，或者他被谈论时的语气，都会担心得要命。最后，除此之外，我们应该清楚认识到一个事实，即荣誉本身并没有真正的直接价值，而只有一种间接的价值。

如果人们普遍从这种广泛存在的愚蠢中转变过来，其结果将是我们会更加安宁和愉悦，这在目前看来是不可想象的。人们将向世界呈现出更坚定、更自信的一面，并且通常表现得不那么尴尬和局促。可见，离群索居的生活方式对我们的心灵安宁有非常有益的影响，这主要是因为我们避免了不断地生活在别人的视线中，永远关注他们随意的意见——总之，我们能够回归到自己身上。

同时，这样也可以避免许多确定的不幸，而我们现在通过努力追逐阴影，或者更准确地说，沉溺于一件愚蠢行为而被卷入其中。因此，我们应该更多地关注现实、享受现实，而不是像现在这样受到干扰。只不过，值得做的事情很难做得到。

骄　傲

我们正在讨论的人类天性中的愚蠢呈现出了三种苗头：野心、虚荣和骄傲。后两者的区别在于：**骄傲**是一个人对自己在某些特定方面的最高价值的既定信念，而**虚荣**是在其他人身上唤起这种信念的欲望，它通常伴随着最终实现自己同样信念的隐秘希望。骄傲是从内部产生的，是对自己的直接欣赏；虚荣则是从外部间接获得这种欣赏的欲望。

所以我们发现，**虚荣的人是健谈的，而骄傲的人则沉默寡言**。但是虚荣的人应该意识到，他努力争取的他人的良好评价，相比于说话，可以通过持续的沉默更加轻松和确定地获得，即使他可以说得很漂亮。因此，任何想要假装骄傲的人都不是一个骄傲的人；但他很快就会像其他人一样，不得不放弃这一装出来的性格。

只有对卓越价值和特殊价值的不可动摇的坚定信念，才能使一个人真正地骄傲起来。这种信念无疑可能是错误的，或者依赖于具有偶然性或常规性的优势：只要它是真正存在的，骄傲就不会因此而减少一分一毫。既然骄傲如此根植于信念，它就像其他形式的知识一样，不在我们自己的仲裁范围之内。骄傲最大的敌人——我指的是它最大的障碍——是虚荣心，虚荣的人渴望得到全世界的掌声，以便获得对自己价值的高度评价的必要基础，而骄傲则基于对这一价值已经存在的信念。

诚然，骄傲是一种通常被人指责并令人痛哭流涕的东西；但我猜想，这通常是那些没有什么东西可以引以为豪的人所犯下的错误。鉴于大多数人的厚颜无耻和愚昧，任何拥有任何优越感或优点的人，只要不想被完全遗忘，就最好用眼睛盯着它。因为，如果一个人的性情好到可以忽略他自己的特权，并且对他人的共性不屑一顾，就好像他与他们的水平相当，那么他们一定会坦诚和坦率地把他视作自己的一员。

这是我特别向那些具有最高优越感的人提出的建议：真正的优越感——我是指纯粹的个人性质——不能像命令和头衔一

样，每时每刻都能吸引眼球或耳朵。否则他们会发现，熟悉会滋生蔑视，或者正如罗马人过去所说的：

一头猪教授智慧之神密涅瓦。[1]

一句阿拉伯谚语说：

与奴隶开玩笑，他很快就会对你不屑。

我们也不应该轻视贺拉斯所说的话：

请受纳你所应许的
足堪骄傲的功勋。

毫无疑问，当谦虚成为一种美德时，这对傻子来说是一件非常有利的事情，因为每个人都被要求把自己当作一个傻瓜来谈论。这确实是在拉低水平，因为看起来好像世界上除了傻瓜什么都没有。

最廉价的一种骄傲是民族自豪感，因为如果一个人为自己的民族感到骄傲，那就说明他自己没有值得骄傲的品质，否则他就不会求助于那些他与数百万同胞共享的品质。一个天生具有重要个人品质的人，将非常愿意清楚地看到自己的国家在哪

1　意指愚昧的人试图去教育比他聪明的人，类似中国成语"班门弄斧"。*

些方面存在不足，因为这些弱点会不断地出现在他的眼前。

但是，每一个一无所有的可悲傻瓜，都把对自己所属的国家的骄傲作为最后的资源；他很乐意为它所有的错误和愚蠢辩护，从而弥补自己的自卑。例如，如果你谈论英国民族的愚蠢和有失体面的顽固，并带有它应得的轻蔑，你很难找到一个同意你观点的英国人；但如果有一个，他通常会碰巧是一个聪明人。

德国人没有民族自豪感，这表明了他们是多么诚实，这是众所周知的！那些通过可笑的装腔作势，假装为自己的国家感到骄傲的人——"德意志兄弟"和为了误导暴徒而奉承暴徒的政治煽动者——是多么不诚实。我听到有人说火药是由一个德国人发明的，但我不相信。利希滕贝格[1]问道：

> 为什么一个不是德国人的人不会假装自己是德国人；如果他要假装，会去假装成法国人或者英国人吗？

无论如何，个性比国籍重要得多，在任何一个特定的人身上，个性都应该得到一千倍的重视，而且，一旦你提及国民性，那么肯定会涉及很多人，就不可能在大声赞扬的同时保持诚实。国民性只不过是人类的渺小、变态和卑鄙在每个国家所采取的特殊形式的另一种名称。如果我们对一个人感到厌恶，就会赞美另一个人，直到我们对这个人也感到厌恶为止。每个国

1　利希滕贝格（Georg C. Lichtenberg，1742—1799），德国物理学家、哲学家、作家、政论家。*

家的人都嘲笑其他国家，并且都是对的。

正如我已经说过的，这一章的内容探讨的是我们在世界上所代表的东西，或者我们在别人眼中的样子，可能会被进一步分配到三个方面：**等级**、**荣誉**和**名声**。

等　级

让我们把等级放在第一位，虽然它在群众和平庸之人的眼中起着重要的作用，而且是国家机器中最有用的轮子，但只需几句话就可以将它打发。

它具有纯粹的传统价值。严格地说，这是一个骗局，它的方法是要得到一种人为的尊重，而事实上，整件事只是一场闹剧。

可以说，勋位是根据公众意见提取的汇票，其价值的衡量标准是出票人的信用。当然，作为养老金的替代品，这可以为国家节省一大笔钱。此外，如果以歧视和判断力分配勋位，其作用也是非常明显的。因为一般人都有眼睛和耳朵，这是真的；但仅此而已，确实只有很有限的判断力，甚至是记忆力。国家的许多服务项目超出了他们的理解范围，其他的则在一段时间内得到理解，然后很快就被遗忘了。因此在我看来，通过十字勋章或者星形勋章时时刻刻、无处不在地向大众宣告：

这个人不像你，他做了一些事情！

这样做是恰当的。但是，当勋位被不公正地分配，或者没有经过适当的选择，或者数量太多时，它们就失去了价值。君主在授予它们时应该像商人在签账单时一样谨慎。在任何荣誉勋章上题字都是一种冗余，因为每一枚勋章都应该是杰出的荣誉勋章，这是合乎情理的。

荣　誉

荣誉是一个比等级要宏大得多的问题，也是一个更难加以探讨的问题。首先，让我们试着来为其进行定义。

如果我说"荣誉是外在的良知，而良知是内在的荣誉"，无疑会有很多人赞同。但这样的定义更像是一种假象而非事实，且很难直击问题的根源。我更喜欢这样说：

> 在客观方面，荣誉是别人对我们价值的看法；而
> 在主观方面，荣誉是我们对这种看法的尊重。

就后一种观点而言，做一个正直的人就是在行使一种往往非常有益，但绝非纯粹的道德影响力。

荣誉感和羞耻感在任何一个尚未彻头彻尾堕落的人身上都存在，无论在何地，人们都认为这是一种很有价值的东西。究其原因，就个体而言，一个人能完成的事情很有限，他就像《鲁滨逊漂流记》中的主角那样独处荒岛。只有身处社会之中，一个人的力量才能被充分调动起来。一旦他的意识开始发展，他很快就能发现这一点。同时他的心中会产生一种渴望，希望自己被视为对社会有用的一员，即能够发挥自己生而为人的作用——担起一个人的责任——从而获得享受社会生活裨益的

权利。而今一个人要成为一位有用的社会成员，必须做到两件事：第一，一个人在各个场合都应做到之事；第二，一个人处于特定地位时所受期许和需要做的事。

但这个人很快就会发现，这一切都取决于他是否有用，但这并不以他的一己之见，而是以别人的观点为转移。因此，他会尽力给自己看重的世界留下美好的印象。因此，这种原始的、与生俱来的人性特征被称为"荣誉"，或者说"羞耻感"。

正因如此，他一想到他人对自己的评价忽然有所下降，就会脸颊飞红，即使他知道自己是无辜的，即使他的玩忽职守并未涉及绝对责任，而仅仅涉及他自愿承担的义务。恰恰相反，生活中最给人勇气的事，莫过于实现或重新树立起他人对自己有好感的信念，因为这意味着每个人都团结起来，共同给他帮助和保护，这是一座能够抵御生活中各种弊病的堡垒，比他独自能做的任何事情都要强大得多。

一个人可以通过站在他人的立场来获得自信，即来自他人的良好评价，能够引发几种荣誉之间的差别，这主要取决于"我"对"你"可能采取的不同态度，或是取决于对各种承诺的履行，又或是关乎两性之间的关系。因此，荣誉主要分为三种，每一种之下又可分为不同形式，即公民荣誉、官方荣誉和性荣誉。

公民荣誉的范围最广。它包含这样一个假设，即我们应该无条件地尊重他人的权利，因此决不采用任何不公或非法的手段来获得自己想要的东西。它是人与人之间一切和平交往的条件，公开并明显反对这种和平交往的任何事，都能将公民荣誉摧毁。因此，任何法律所行使的惩罚手段，都假设该惩罚是公正的。

荣誉的终极基础在于，坚信道德品行是不变的：一个孤立的不良行为，意味着未来的类似行为在类似情况下也将是不良的。在英语中，这一点能恰当地通过"品行"（character）一词表达其含义，即信用、名声和荣誉。

因此，荣誉一旦失去，就永远无法挽回。除非这种损失是基于某种误会，例如一个人被诽谤，或者他的行为遭到错误看待，就可能会发生这样的误会。因此，法律才针对诽谤、诋毁乃至侮辱制定了补救措施。因为侮辱虽然只是一种谩骂，却也是某种压制理性的简化诽谤。我在此要表达的意思，可以很好地用一句希腊谚语来表达：

> 侮辱是一种肤浅的诽谤。

诚然，如果一个人谩骂另一个人，他只是在表明自己抱怨对方的理由仅仅是欲加之罪，否则，他仅仅会将谩骂的内容作为前提，让听众自己得出结论。相反，此时他给出了结论而省略了前提，并相信人们会认为他只是因寻求简洁而这样做。

"公民荣誉"的词源和来历虽源于中产阶级，但它同样适用于所有阶层，最高阶层也不例外。没有人能将其忽视，公民荣誉是一件非常严肃的事情，所有人都不能对此掉以轻心。失信的人便会永远失信，这无关其职业，也无关其身份；而失信所带来的痛苦后果，也永远在所难免。

在某种意义上，也可以说荣誉具有与名声的积极性质截然相反的消极特征。因为荣誉并不是人们对一个人恰巧拥有特定品质的看法，而是对一个人可能受到期望而表现出的品质的看法，这样的表现令人无法挑剔他。因此，荣誉并不意味着一个人的杰出，而名声却相反。**名声是必须赢得的，荣誉是不可或缺的。**

名声的缺失是默默无闻的，仅仅是消极的；而荣誉的缺失则意味着羞耻，这是一种积极的品质。不能将荣誉的消极性质与任何消极之事相混淆，因为荣誉的存在令一切事物都变得积极。唯有这种品质，直接由其展现者发出；它与其展现者所做之事与未尽之事息息相关，而与他人的行为，或他人在展现者前进道路上设置的阻碍无关。荣誉完全存在于我们自己的力量中。正如我们将在后面看到的那样，这一点将真正的荣誉与骑士制度下的虚假荣誉区分开来。

诽谤是唯一可以从外部攻击荣誉的武器，而击退这种攻击的唯一方法，就是适度地将诽谤公之于众，同时揭开诽谤者的真面目。

年长之所以能得到尊重，正是因为老年人在一生中必然表现出自己能够保持荣誉不受玷污；而年轻人尽管可能荣誉加身，这种能力却尚未得到证明。单就寿命更长（低等动物同样能够长寿，甚至寿命更胜一筹）和经验更丰富（这仅仅是对世界运行方式的更深入了解）而言，二者都不能构成年轻人对老年人表示尊重的充分理由。因为，如果这仅仅关乎年龄，那么伴随年龄而来的虚弱应得到体贴而非尊重。然而，白发总会令人敬畏，那是一种真正与生俱来、发自本能的敬畏，这是一个非比寻常的事实。而皱纹作为一种更为确切的老年迹象，却根本不受人尊敬；想必你从来没有听任何人谈到过皱纹值得尊敬，但"白发令人心生敬意"却是一种常用的表达。

荣誉只具有间接价值。正如我在本章开始时所解释的，因为如果我们受了其他人对我们看法的影响，也仅仅是由于这些看法支配着他们对我们产生的行为；况且只有在我们与这些人共同生活，或与他们有关系的时候才会如此。然而，只有社会才能使我们自身以及我们的财产，在文明的状态下处于安全之中；我们的所作所为都需要他人的帮助，而他们必须对我们有信心，才会与我们有所关联。因此间接而言，他人对我们的看法是一件非常重要的事情，尽管我尚看不出这有什么直接或即时的价值。西塞罗也抱持同样的观点：

> 我非常同意克利西波斯[1]和第欧根尼[2]曾说过的话，若不是因为良好的名声有如此大的用途，它们根本不值得伸手去争取。[3]

爱尔维修[4]在他的主要著作《论精神》中，也通过长篇大论

---

1 克利西波斯（Chrysippus，前280—前207），古希腊哲学家，斯多葛学派的集大成者。*

2 第欧根尼（Diogenes，约前412—前324），古希腊哲学家，犬儒学派的代表人物。*

3 《论至善》。

4 爱尔维修（Claude Adrien Helvétius，1715—1771），法国哲学家、启蒙思想家，代表作为《论精神》。*

坚持了这一真理。[1]其结论在于，我们热衷于尊重不是因为它本身，而仅仅是因为它带来的优势。而且，正因为手段永远不会超越目的，因此我认为众人皆说的"荣誉高于生命本身"，不过是夸大其词而已。那么关于公民荣誉，我就言尽于此。

官方荣誉在普遍观念中，即担任某一职位的人，确实具有恰当履行与该职位相关的所有职责所需的素质。一个人在国家中必须履行的职责越重大，他所担任的职务越高、越有影响力，人们对于使他适合担任这一职务的道德和智力素养，就有着越强烈的看法。

因此，一个人的地位越高，他就理应被赋予越高的荣誉等级，而荣誉等级是通过头衔、等级和他人对他的日常顺从行为表现出来的。一般而言，一个人的官阶就意味着他应被赋予的特定荣誉等级，然而，大众对地位的重要性的判断能力可能影响到这一等级。而事实上，履行特殊职责的人确实比普通公民享有更大的荣誉，因为普通公民的荣誉主要在于和耻辱撇清关系。

官方荣誉还要求担任某一职位的人必须保持对其职位的尊重，这事关其同僚和继任者。官员可以通过恰当遵守其职责，以及击退任何可能对其职务本身或担任这一职务的人的攻击等方式，以保持这种尊重。例如，他不可无视任何宣称其玩忽职守，或其岗位本身对公共福利未产生裨益的声明。他必须通过对这些攻击采取法律措施加以惩处，以表明这些攻击的不正当性质。

---

1 《论精神》。

俯就于官方人士之荣誉的，还有那些以其他身份为国家服务的人，如医生、律师、教师——简而言之，就是任何毕业于各个学科，或经过任何其他公开认证表明其有资格行使某种特殊技能，又表明自己会付诸实践的人。一言以蔽之，官方荣誉是所有肩负公共责任之人的荣誉。

在这一荣誉分类之下还有军事荣誉，其真正意义在于，那些认同有义务保卫国家的人，确实拥有驱使他们如此作为的必要素质，尤其是胆识，即个人的勇气和力量，同时他们也完全准备好誓死保卫自己的国家。而且在任何情况下，他们都永远不会抛弃自己曾经宣誓效忠的国旗。我在这里探讨的官方荣誉，其意义比通常所用的概念更为广泛，因为一般而言其仅指公民对于公职本身的敬意。

在对待性荣誉及其所依据的原则时，我们应进行更多的关注和分析。我接下来要讲的内容将支撑我的观点，即所有荣誉都建立在功利主义的基础上。在这一主题下，有两种自然分类，即女性荣誉和男性荣誉，而任一种当中都存在着人们很容易理解的"团体精神"问题。目前而言，二者之中女性荣誉更为重要，因为女人生命中最重要的特征便是她与男人的关系。

对女性荣誉的普遍看法在于，女孩必须是纯洁的，妻子必须是忠诚的。这一观点的重要性基于下述考虑：女人生命中的一切关系都依附于男人；或许可以这样说，男人只在一个方面需要女人。因此，这是一种相互依存的安排，即男人要为女人的所有需要承担责任，也要为他们的结合而产生的孩子们承担责任，这一安排是基于整个女性群体的福祉。

为了实现这一安排，女性们必须团结起来，表现出一种团体精神，并向她们共同的敌人——男人——展现一道坚不可摧的前阵，以便围攻并征服他们，从而获得他们所拥有的财富，并从这些美好的事物中分一杯羹。毕竟，男人凭借其优越的体力和智力素质，而拥有这世上所有的美好事物。为达到此目的，所有女性荣誉的实现都取决于这样一条规则的执行，即除结婚外，所有女性都不得让自己委身于男性。如此一来，每个男性就会被迫投降并与女性结盟；而这样的安排也为整个女性群体制定了规则。而如此安排下的结果，只有严格遵守规则才能够获得。

因此，世界各地的女性都表现出了真正的团体精神，并小心翼翼地坚持、维护这种安排。凡是犯规的女性，就是背叛了整个女性群体，因为假使所有女性都如此效法，那么女性的福利就会被毁掉，这个女人也会被逐出团体，成为丧失荣誉的人。女人们将与其划清界限，人们见了她就像瘟疫一样避之不及。而同样的厄运也会降临在一个打破婚姻关系的女人身上，因为她这样做便是违背了男人之所以臣服于她的初衷。而且，由于她的行为会吓到其他男人，致使他们不敢进行类似的臣服，而这将危及她所有姐妹的福祉。

不仅如此，更严重的是，这种欺骗和失信是一种应受到剥夺性惩罚的罪行，而其受到剥夺不仅是个人的损失，也是公民荣誉的损失。这就是为什么我们小觑女孩的羞耻，却夸大妻子的耻辱；因为在前一种情况下，婚姻可以恢复女孩的荣誉，而在后一种情况下，违背契约则罪不可恕。

一旦这种团体精神被公认为女性荣誉的基础，并且被公认为一种健全乃至十分必要的安排，它对女性福利的极端重要性便会得到承认。因为从根本上说，这是一个需要审慎权衡利弊的问题，但它仅仅拥有相对价值。它并不是绝对的终点，即它的目的并未超越其他一切存在，并未超越生命本身的价值。

按照这种观点，对于卢克蕾提亚[1]或维吉尼乌斯这类强迫和过度的行为，并没有什么值得称赞的，这种行为很容易堕落为悲剧与闹剧，造成他人的强烈反感。例如，《爱米丽亚·迦洛蒂》的结局就令人在离开剧院时感到极为不安。[2]而另外一方面，所有关于女性荣誉的规则，都不能阻止人们对《哀格蒙特》[3]中的克蕾尔[4]产生某种同情。一旦让这种女性荣誉的原则离题太远，就是在考虑手段时忘记了目的，而这正是人们经常做的。

正因为这种对原则的夸大其词，性荣誉的价值被认为是绝对的。而事实却是，相比其他任何一种荣誉，它都更为相对。甚至有人会说，它的价值是纯粹传统意义上的，你能从托马修

1　卢克蕾提亚（Lucretia）是一名罗马贵族少女，因她的自杀身亡，愤怒的罗马士兵和市民赶走了国王，使罗马成为共和国。*

2　德国作家 G. E. 莱辛（G. E. Lessing）于 1772 年发表并于同年首演的五幕剧，讲述了美丽少女爱米丽亚被爱慕她的亲王孔萨迦用计强占，为了保护自己的贞洁请求父亲将自己杀死的悲剧故事。*

3　歌德创作的一部悲剧，取材于 16 世纪尼德兰人民反抗西班牙的斗争历史。*

4　《哀格蒙特》中主人公哀格蒙特伯爵的爱人，为了激发市民们反抗西班牙统治而愤然自杀。*

斯 [1] 那里看到，无论在哪个时代、哪个国家，直到宗教改革之前，法律都允许并承认违反所谓女性荣誉原则的行为，而不会因此贬低女性的荣誉，更不用说在巴比伦的米利塔神庙了 [2]。

当然，公民生活中也存在某些会导致婚姻的外在形式无法实现的情况，尤其是在天主教国家，那里不会发生诸如离婚这样的事情。在我看来，世界各地的世袭统治者出于道德角度都能做得更好，他们会完全遵守婚姻的形式，不易发生跨越阶级的婚姻，一旦合法的王储意外亡故，其后代或许能提出对王位的要求。因此，也许有一种尽管很偏颇的可能性，即一场贵贱通婚的联姻可能引发一场内战。此外，这种不顾一切外在礼仪而缔结的婚姻是针对女性和牧师的妥协，这两类人都应该被小心对待，尽可能不要对他们加以限制。

更值得注意的是，一个国家中的每个男人都能够娶自己心仪的女人为妻，只有一个可怜的例外，那就是王位继承人。他的选择权属于所在的国家，只有出于国家的原因，即为了国家的利益才能结婚。然而尽管如此，他同时还是一个男人；作为一个男人，他也喜欢追求心之所向。若要禁止或企图禁止王位继承人在这件事上随心所欲，显然是一件有失公允、徒劳无功而且自命不凡的事。当然，前提是他选择的女士对国家政府不会产生影响。从这位女士的角度来看，她处于一个特殊的位置，

1　托马修斯（Christian Thomasius，1655—1728），德国哲学家、法学家，被称作"德国启蒙运动之父"。*

2　希罗多德，《历史》。

在此不受一般的性荣誉规则的约束，因为她仅仅是把自己交给了一个爱她的男人，然而她爱的男人却不能娶她。

一般而言，女性荣誉的原则在本质上并无源头可溯，人们为其做出的许多血腥牺牲，比如谋杀儿童和母亲自杀便体现了这一点。毫无疑问，一个违反行为准则的女孩，同时也违背了其所在的整个性别群体的信仰。但是这种信仰仅仅被私下以为是理所当然的，并未经过盟誓。而且由于在大多数情况下，她自己的前景因此受到的影响最为直接，可以说她的愚蠢远远大于其罪行。

而与此相对应的男性美德，是我一直在探讨的产物之一，也就是他们的团体精神。这种精神要求一旦一个男人在婚姻中屈服——这对征服他的人而言十分有利——此时他应该注意婚姻契约的维持。这不仅是为了使契约本身不会因其遵守过程中达成的任何对松懈的许可而丧失效力，也是为了在男人们放弃一切后，至少能够保全他们独占的权益。

因此，男性荣誉的一部分联系着对妻子违背婚姻契约的憎恶，并至少是通过与她分离而对其进行惩罚。如果他宽恕了对方的冒犯，他的同伴就会以他为耻；但是这种情况下的羞耻，远不如丧失荣誉的女性显得那么肮脏。这种污点并非多么严重，因为男人与女人的关系，仅仅从属于此男人一生中其他许多更重要的事情。

两位伟大的现代戏剧诗人，都各以两部主题为人之荣誉的戏剧而著名，即莎士比亚的《奥赛罗》和《冬天的故事》，以及卡尔德隆[1]的《医生的荣誉》和《秘密的伤害与秘密的报复》。然而应该这样说，荣誉只须惩罚妻子，而同时对她的情人的惩罚只是一种份外的工作。这也证实了我的观点，即一个人的荣誉起源于其所在团体的精神。

迄今为止我一直在探讨的那种荣誉，始终以其各种形式和原则存在于各个国家的各个时代之中。尽管女性荣誉的历史表明，其原则在不同的时期经历了某些局部的修改，但还存在一种与此完全不同的荣誉，希腊人和罗马人对这种荣誉全然没有概念，而且直到今天，东方人对这种荣誉仍是完全陌生的。这是一种只在中世纪出现的荣誉，而且只存在于欧洲基督教区中。不仅如此，它只存在于该地区的极小一部分人中，该荣誉处于社会的更高阶层之人和那些效法他们的人中。

这便是骑士精神的荣誉，或者说"荣誉攸关之事"。它所遵循的原则，与我迄今一直在探讨的那些荣誉所依据的原则有很大不同，甚至在某些方面是相悖的。我现在所谈到的这种原则造就了骑士，而先前讨论的那种原则造就了正派的人。如此一来，我将这种荣誉的原则作为骑士礼仪的一种道德准则或镜子，来继续加以解释。

其一，这种荣誉并不在于别人对我们价值的看法，而在于他们是否将看法表达出来，这里无关乎他们是否真的抱有任何看法，遑论他们是否知道这些看法产生的缘由。他人可能会因

1　卡尔德隆（Pedro Calderón，1600—1681），西班牙剧作家、诗人，西班牙戏剧黄金时代的代表人物，代表作有《人生如梦》等。*

为我们的所作所为，而对我们产生最糟的评价，还有可能随心所欲地鄙视我们。然而，只要没有人敢于表达自己的观点，我们的荣誉就不会被玷污。

所以，假使我们的行为和品质迫使他人给予最高的尊重，而且他们别无选择，只能选择给予这种尊重，只要有任何人（无论他是多么邪恶或愚蠢）说出某些贬低我们的话，我们的荣誉便遭到了冒犯——不，是永远消失了，除非我们能够想办法弥补。我的观点可以通过一条看似冗余的论据加以证明，即骑士的荣誉并不取决于人们的想法，而是取决于人们所说的话，侮辱实际上可以撤回，或者如果必要的话，还能够构成他人致歉的主题，让他人就当自己没说过侮辱的话。而意见作为表达的基础，是否同时被纠正了，以及人们之前为何如此表达，这一切已经变得无关紧要——只要负面声明被撤回，一切就相安无事了。事实上，这种行为的目的不是为了赢得尊重，而是绑架这种尊重。

其二，这种荣誉不在于一个人做了什么，而在于他遭遇了什么，他遇到了怎样的障碍。不同于其他基于优待的荣誉，这类荣誉的构成无关乎此人自己的所作所为，而在于他人的一言一行。因此，一个人的荣誉取决于每一个人话语间的仁慈。要是人们发出抨击，这种荣誉便在顷刻间一去不复返。除非被攻击的人设法通过接下来我们要探讨的这一过程将其再次夺回，而这一过程可能会危及他的生命、健康、自由、财产和内心平静。一个人的整体行为或许会符合最具正义和高尚的原则，他可能精神高度纯洁，也可能智力超群。

然而，一旦任何人乐于侮辱他，任何一个自己没有违背这一荣誉准则的人侮辱了他，就会让他沦为最没有价值的流氓，或是最愚蠢的禽兽，沦为一个懒汉、赌徒、无赖——简而言之，一个毫无价值的人——则他的荣誉可能就此消失。而通常正是这种家伙喜欢侮辱他人，正如塞涅卡所说：

> 一个人越是卑鄙和可笑，他就越是时刻准备着羞辱他人。[1]

这类人的侮辱最有可能针对我所描述的那种正义与高尚的人，因为"道不同不相为谋"，而且卓越的功绩被人看见，往往会引起小人的私愤。歌德在《西东诗集》中所言极是：

> 你为何要控诉敌人呢？
> 他们会成为你的朋友吗？
> 你的本性，
> 就已经永远在默默指责他们了。

很显然，我刚刚描述的那些卑鄙无耻之人，有充分的理由感谢荣誉的这些原则，因为该原则使他们得以与那些在其他方面远胜于自己的人处于同一水平。如果一个人喜欢侮辱他人，将一些不良的品质归咎于他人，这种污蔑表面上是一个具有充

1　《论智者的坚定》。

分根据的观点，事实上真的是一种污蔑。

这可以说是一种具有法律效力的判决，甚至可以说，若非它会在顷刻间被鲜血拭去，则简直是个永远都适用且有效的判决。换句话说，那个受到污蔑的人即使在所有人眼中荣誉加身，那个侮辱他的人却仍旧乐于侮辱他，即使这个侮辱他的人才是世界上最大的可怜虫。由于这个受辱的人"隐忍"（我坚信这是一个专业术语）了下来，因此所有荣誉加身的同侪都不会再和被侮辱的人有任何关系，会把他当作麻风病人一样对待，并且可能会拒绝进入任何他可能会到场的社交场合，诸如此类。

我认为，这种高明的指控程序可以追溯到中世纪。在 15 世纪以前，任何刑事诉讼中都无须原告去指控被告有罪，而被告必须要自证清白。[1] 被告可以通过发誓来证明自己无罪；而为被告背书的人也不得不前来发誓，表示在他们看来被告不会虚假宣誓。如果被告找不到这样的人来帮助他，或者原告反对被告的背书者，那么就不得不通过"上帝的审判"来进行判决，这通常意味着一场决斗的发生。而被告此时会感到很羞耻，并毫无疑问地要为自己洗脱罪名。

而这里就出现了"耻辱"概念的起源，以及现在荣耀加身之人中盛行的一整套体系的起源，只是在此将盟誓部分省略了。而这也给出了一种解释，当荣誉加身之人被法庭传唤而来证明自己没有说谎，其深深的愤怒是情有可原的；对他们而言

---

1 参见卡尔·沃希特（C. G. von Waechter），*Beiträge zur deutschen Geschichte*。

这是一种责备，必须用鲜血才能抹去。然而，虽然谎言屡见不鲜，但事情很少会发展到这个地步。不过比起其他地方，这在英国更是一种根深蒂固的迷信。

在秩序问题的层面上，如果一个人因为说谎而威胁说要杀了另一个人，这句话本身就不应该被讲出来。事实是，中世纪时的刑事审判也认可了一种更简短的形式。被告面对指控，回答道：这就是一个谎言，因此要将它留给上帝进行审判和裁定。因此，骑士荣誉的守则规定，在面对谎言的时候，人会随之诉诸武器，这是理所当然的。我关于侮辱的理论就到此为止。

然而，还存在着比侮辱更糟糕的事情，它是如此可怕，以至于我必须在此请求所有荣誉加身之人的谅解，我竟然在这一份骑士荣誉守则中提到了这一点。因为我明白，他们一想到这件事就会瑟瑟发抖，头皮发麻，这便是所谓的"至恶"，即世界上最大的邪恶，它比死亡和诅咒更加可怕。一个人可能会向另一个人发出可怕的命令，让他扬起巴掌和拳头。这件事简直太过可怕，对一切荣誉而言都是致命的，如此一来，任何其他种类的侮辱都可以通过鲜血拭去，而这种至恶却只能通过政变来解决。

其三，这种荣誉与一个人可能成为什么样子，如何对待自己，或者同样而言，关于他的品德是否会变得更好或更坏的相关问题，以及所有类似的迂腐探究没有任何关系。如果你的荣誉碰巧受到了攻击，或者所有的荣誉表现都消失了，那么只要你足够迅速地诉诸一种广泛使用的补救办法——决斗，荣誉很快就可以完全恢复。

但是，如果侵犯你荣誉的人并不属于承认骑士荣誉准则的阶级，或者他自己曾经触犯过骑士荣誉准则，那么你就能够用一种更安全的方式，来应对自己荣誉遭到的任何攻击，无论是暴力攻击，还是仅仅口头上的攻击。如果你有武器，你可以当场击倒你的对手，也可以选择一个小时后击倒他。如此便能恢复你的荣誉。

但是，如果你对由此产生的任何不愉快的后果有所担心，或者由于不确定冒犯者是否受骑士荣誉法则的约束，而希望避免采取这种极端的步骤，那么还有其他使你的良好地位（即优势）恢复的方法。其中包括以更粗鲁的方式回击粗鲁的侮辱；如果侮辱没用，你还可以尝试付诸武力，这构成了一种为你赎回荣誉的高潮。例如，你耳朵上受的一拳，可以用回击一棍子来治愈，受了一棍子，则可以用一马鞭来治愈。而且，还有人会建议你向对手吐口水，以此作为最后一个可行的补救办法。如果所有这些手段都没有用，你便无法面对鲜血之战而畏缩不前了。采用这些消除侮辱的方法，其理由就在下面所列的骑士格言中。

其四，受辱是可耻的，但侮辱他人却能获得荣誉。让我举一个例子。我的对手掌握着真理、权利和理性。这很好。我侮辱了他，于是权利和荣誉便都离他而去，而来到我这里。他便暂时失去了荣誉和权利，直到他将其找回，而且找回的方式不是通过行使权利或理性，而是通过射杀与刺伤我。

因此，从荣誉的角度来说，粗鲁是一种品质，它可以代替一切，并且压倒这一切。最粗鲁的人永远是对的，你还想怎样呢？一个人无论多么愚蠢、多么邪恶，如果他只是在维护自己利益时粗鲁无礼，他便会宽恕自己的所有过错，并将其正当化。无论在什么样的讨论或谈话中，只要另一个人展现出比我们更多的学识，对真理更诚挚的热爱、更健全的判断、更优越的见解，或者总是表现出令我们黯然失色的智力品质，此刻我们就能够立刻抹杀他的优越性与我们自己的肤浅，反过来还能通过侮辱和冒犯而战胜他。

这是因为，**粗鲁比任何论据都要有力，它可以完全遮蔽理智**。如果我们的对手并不关心我们的进攻方式，也不会更加粗鲁地回应，我们就进入了抢占上风的高尚竞争，如果对手不被我们拖下水，那我们就是胜利者，荣誉就会站在我们这边。真理、知识、理解、智慧、机敏，都必须全部退散，将地盘留给我们这种全能的傲慢。

对于荣誉加身之人，如果有人发表反对他们的意见，或者表现出更胜一筹的智力，他们就会表现出立刻迎战的样子；如果他们在任何争论中无言以对，就会四处寻找一些粗鲁的武器反击，这也能够起作用，并且更容易得手。如此，他们便能得胜凯旋了。现在毋庸置疑的是，人们称赞这一荣誉原则为高尚的社会基调是非常正确的。而这一原则的源头在于另一个原则，是它构成了整套道德准则的核心和灵魂。

其五，道德准则暗示着，一个人在荣誉问题上可能与另一个人产生任何分歧时，可以上诉的最高法院其实是付诸肉体暴力，即通过残忍来审判。严格地说，每一个粗鲁行为都是在诉诸野蛮，因为这是一种声明，表明智力和道德洞察力没有能力做出裁决，必须用体力进行战斗，也就是展开决斗。富兰克林[1]将人类定义为"制造工具的动物"，在此情况下，这种斗争是由本物种特有的武器决定的；通过决斗，人们能获得一项不可撤销的判决。这就是众所周知的"强权公理"，这个词简直可以与"荒唐"相媲美，当然也同样具有讽刺意味。骑士的荣誉或许可以被称为"强权的荣耀"。

其六，假使正如我们上面所看到的，公民荣誉在人际问题的处理上非常谨慎，非常尊重义务，那么一旦做出承诺，我们在这里讨论的准则便在另一方面显示出了最高尚的慷慨。此时只有一个词可能不会被打破，那就是"荣誉"。正如人们常常会说："以我的名誉担保。"

当然，这是以所有其他形式的诺言都可能被打破作为前提的。否则，假使有最坏的情况发生，人们就很容易打破自己对荣耀的诺言，想要仍然保持荣誉加身，便要再次采取那种普遍的补救措施（即决斗），并与那些坚持要我们履行承诺的人进行斗争。此外，还有（且仅有）一种债务，在任何情况下都必须偿还，无法逃脱，那就是赌债，因而被称为"名誉债"。在此外所有种类的债务中，你或许可以任意欺骗犹太人和基督徒，而你的骑士荣誉仍然不会受到玷污。

不带偏见的读者能够立刻看出来，这样一种奇怪、野蛮和

1　富兰克林（Benjamin Franklin, 1706—1790），美国政治家、物理学家，《独立宣言》起草人之一，曾最早提出电荷守恒定律。*

荒谬的荣誉准则不存在人性的基础，也不具备任何理由以健康的观点看待人类事务。它那极其狭窄的运作范围只会加剧一种荣誉感，这种感觉自中世纪以来就只局限于欧洲，并且只局限于上流阶级、官兵和效仿他们的人。希腊人和罗马人都对这一荣誉准则或其原则一无所知，亚洲的高度文明国家无论在古代还是现代，也都对其毫不知情。

在这些荣誉中，除了先前我所谈到的几种，他们不承认其他任何的荣誉，一个人凭借这一荣誉，就能成为通过自己的行动而体现出来的理想形象，这一形象无关乎任何见风使舵的人对他说的奉承话。他们认为一个人的言行可能会影响自己的荣誉，却不会影响其他任何人的荣誉。对他们来说，打击仅仅是一次打击而已，任何一头马或者驴都能够产生比此更猛烈的打击。在某些情况下，这种打击可能会让一个人生气，要求立即展开复仇，但这和荣誉无关。没有人会将殴打或侮辱性的言辞记录在案，也没有人会记录被要求获得或被要求忽略的满足。

然而，在个体的勇敢和对死亡的蔑视层面，我们的先祖当然不亚于基督教欧洲的民族。如果你愿意承认，希腊人和罗马人都是彻头彻尾的英雄，但他们对那些"荣誉攸关之事"一无所知。即使他们有决斗的想法，也与贵族生活完全无关；那只是雇佣兵和角斗士的表演，只适用于杀戮的奴隶和被判有罪的罪犯，他们与野兽互相追猎、捕杀，以此构成罗马的节日。而当基督教传入后，角斗士表演在该时代被淘汰，取而代之的是决斗，这是一种通过"上帝的审判"来解决困难的方式。

如果说角斗是因为人们对宏大场面的狂热欲望而做出的残

酷牺牲，那么决斗就是对既存偏见做出的残酷牺牲，这不是罪犯、奴隶和囚犯的牺牲，而是高尚和自由的牺牲。

古代人物性格中有很多特质，表明他们完全不带有这些偏见。例如，当马略[1]被一位日耳曼酋长召唤去决斗时，他给出的反馈大意是，如果酋长厌倦了自己的生命，可以赴约并自己上吊；同时，他提供给对方一名经验丰富的角斗士，让他打上一两个回合。

普鲁塔克[2]曾提到，指挥舰队的欧里比亚德斯[3]曾经举起自己的棍子攻击地米斯托克利[4]，而地米斯托克利没有拔出自己的剑，而仅仅说了句："打得好！但请听我说一句。"如果本书读者是一位荣誉加身之人，当他发现如果他这样做的话，没有一位雅典军官拒绝在地米斯托克利手下任职，他一定会感到相当遗憾！

有一位现代法国作家宣称，如果有人居然认为德摩斯梯尼[5]是个正直的人，那他的无知就会激起人们怜悯的微笑；也

1　马略（Gaius Marius，前157—前86），古罗马军事家、政治家，曾率军击败日耳曼人，推行募兵制的军事改革。*

2　普鲁塔克（Plutarch，46—120），罗马帝国时代作家、哲学家、历史学家，以《希腊罗马名人传》一书闻名后世。*

3　欧里比亚德斯（Eurybiades），斯巴达贵族，曾作为希腊联军统帅，在萨拉米斯海战中击败波斯军。*

4　地米斯托克利（Themistocles，前524—前459），古希腊政治家、军事家，曾任执政官，力主扩建海军，在希波战争中大败波斯军。*

5　德摩斯梯尼（Demosthenes，前384—前322），古希腊政治家、辩论家，曾在雅典组织反马其顿运动，失败后自杀。*

许如此说来，连西塞罗也不配荣誉加身！[1]

柏拉图的《法律篇》中有一段如此说，哲学家长篇大论地谈论攻击，足够清楚地向我们表明，古人不具备任何与这类事情相关的荣誉概念。苏格拉底对此进行频繁讨论之后，他常常受到严苛的对待，而他温和地隐忍这一切。例如有一次，有个人踢他时，他那忍受侮辱的耐性令他的一个朋友感到惊讶。而苏格拉底说：

你觉得如果一头驴子碰巧踢了我，我应该怨恨吗？[2]

还有一次，当他被问到"那个家伙没有虐待和侮辱你吗"时，他的回答是：

不，他说的那些不是针对我的。[3]

斯托拜乌斯从穆索尼乌斯[4]那里记录下一段很长的话，从中我们可以看出古人是如何对待侮辱的。除了法律所规定的满足，他们对其他形式的满足一无所知，而智者甚至鄙视其他的满足。如果一个希腊人的耳朵上挨了一拳，他尽可以通过寻求

1　杜朗（C. Durand），《文学之夜》，1828 年。
2　《名哲言行录》。
3　《名哲言行录》。
4　穆索尼乌斯（Gaius Musonius Rufus，30—100），古罗马哲学家、教育家，属于晚期斯多葛派。*

法律的帮助得到满足。在柏拉图的《高尔吉亚篇》中能够看到，苏格拉底就抱持着这样的观点。

类似的证据还可以从格留斯[1]对一个名为路西乌斯·韦拉蒂乌斯（Lucius Veratius）的人的叙述中看到，在没有受到任何挑衅的情况下，他大胆地给了几个在路上遇到的罗马公民一记耳光。但是为了避免将来产生后果，他还是让一个奴隶带上一小袋钱，当场向那些对他的行为感到惊讶的人支付了十分微薄的法定罚款。

著名的犬儒主义哲学家克拉茨[2]被音乐家尼科德罗莫忻（Nicodromus）在耳朵上打了一拳，他的脸都肿了起来，变得青一块紫一块。于是，他在额头上贴了一张标签，上面写着："尼科德罗莫忻所为。"这给那位长笛演奏者带来了很大的耻辱，因为他竟然对这位被整个雅典都举家奉若神明的人，犯下了如此残忍的罪行。[3]

在一封写给密利西配斯（Melesippus）的信中，来自锡诺普的第欧根尼告诉我们，他遭到了一个雅典人的儿子醉酒后的殴打，但他补充说明，这并不重要。[4]

塞涅卡在他的著作《永恒的智慧》的最后几章中，对侮辱

1　格留斯（Aulus Gellius），公元 2 世纪古罗马作家、法学家，拉丁语语法权威，著有《阿提卡夜话》。*

2　克拉茨（Crates of Thebes，前 365—前 285），又称"底比斯的克拉茨"，犬儒主义哲学家，受第欧根尼的影响较大。*

3　第欧根尼·拉尔修；阿普列乌斯（Apuleius），*Florida*。

4　引自伊萨克·卡索邦（Isaac Casaubon）的笔记。

进行了长篇的讨论，以表明一位智者并不会关注到这一点。在第十四章中，他写道：

> 如果一位智者遭到殴打，他应该怎么做？当有人打了卡托的嘴时，卡托做了什么呢？不是发火或报复，甚至连还击也没有，而是单纯地忽略了它。

"是的，"你会说，"可这些人是哲学家！"——那你们都是傻瓜吗？显然如此。

很明显，古人对于整套骑士荣誉准则一无所知，原因很简单，他们往往对人类事务采取自然与公正的看法，不会允许自己受到任何邪恶而令人厌恶的愚蠢行为的影响。脸上挨的一拳，对他们来说只是一次击打，仅此而已，只是受到轻微的身体伤害。而现代人则会从中制造灾难，令其成为悲剧的主题。例如高乃依[1]的《熙德》，或是近来德国一部关于中产阶级生活的喜剧《环境的力量》，而这部戏剧本应被命名为"偏见的力量"。如果巴黎的国民议会议员的耳朵被打了一拳，这一拳会从欧洲的一端响彻另一端。

我所举的这些例子，古典时代处理这类事情的方式，可能

1　高乃依（Pierre Corneille，1606—1684），法国古典主义悲剧作家的代表，被称为"法国古典主义戏剧的奠基人"。*

不太契合荣誉加身之人的观点，所以我向他们推荐狄德罗[1]的代表作《宿命论者雅克和他的主人》中德斯格兰德（Desglands）先生的故事[2]，将其作为一剂解毒药方。这是一个现代骑士荣誉的典范，毫无疑问，他们看后会发现这令人十分愉快，能够陶冶情操。

就我前文所说而言，骑士荣誉原则在人性之中并不存在直击本质而自发的起源，这一点自然是相当明显的。这种荣誉是一种人为产物，但其来源并不难找到。它的存在显然可以追溯到人们更多地使用拳头，而不再是头脑的时代，在受到过分颂扬的中世纪，老谋深算的神职人员用骑士制度束缚了人类的智力。那时，人们不仅能够让全能的上帝眷顾自己，而且能让上帝为他们审判。当困难的案件经由一场严酷的考验来盖棺定论，那就是"上帝的审判"。而几乎没有例外，这便意味着一场决斗，且不仅贵族如此，普通公民同样如此。这一点在莎士

1　狄德罗（Denis Diderot，1713—1784），法国启蒙思想家、哲学家、作家，百科全书派代表人物。*

2　该故事大意如下：德斯格兰德与另一位绅士共同向一位女士献殷勤，两人并排坐在桌边，女士则坐在对面，德斯格兰德用尽办法，试图以自己的口才吸引女士的注意，但她装作没有听到，而是一直盯着他的对手。满心妒火的德斯格兰德捏碎了手中的一个鸡蛋，溅到了对手的脸上。对方举起手，德斯格兰德见状一把拉住他的手，小声说："先生，我接受你的挑战。"第二天，德斯格兰德的右脸上贴着一大片黑色膏药，出现在决斗现场。决斗开始了，德斯格兰德重伤对手，同时把膏药也弄掉了一些。等对手康复后，他们又进行了另一场决斗，德斯格兰德再次令对手伤口见红，并再次将膏药弄掉一些。如此进行了五六次，每次决斗过后，德斯格兰德都会把膏药弄掉一些，直到对手最后被杀死。*

比亚的《亨利六世》中得到了充分的说明。[1]

每一个司法判决都要诉诸武力，武力可以说是更高级别的法院，即上帝的判决。这确乎意味着身体的力量与活动，也就是我们的动物本性，篡夺了判决席上理性的位置，对是非的判断依据不再是看一个人做了什么，而是看他在多大程度上遭到反对。事实上，在骑士荣誉的原则下，如今盛行的制度依然如此。如果有人怀疑这作为现代决斗起源的真实性，那他应该读一读米林根（J. B. Millingen）的杰作《西方决斗史》。

不过顺便说一句，你可能仍然可以在骑士荣誉制度的支持者中找到这样的观点，一些人认为决斗的结果真的可以构成对有争议的问题的神圣判断；他们通常不是受过最良好教育或最富于思想的人——毫无疑问，这样的想法是基于对这一主题的传统感受而得到的结果。

但撇开起源问题不谈，我们现在必须清楚，这一原则主要倾向于使用身体威胁，其目的是强制获取一种表面上的尊重，而人们认为这种表面上的尊重十分难得，在现实中被奉为难以获得的圭臬。这个过程就好像你要通过将手放在温度计上，来证明你所在房间的温暖，然后让房间温度上升一样。

事实上，这件事情的核心是这样的：一方面，公民荣誉是以和平的交往为目的的，并且在对方看来，"我们理应得到充分的信任"，因为我们也无条件地尊重他们的权利；另一方面，骑士荣誉则规定"我们要让别人感到恐惧"，因为我们决心不

1　《亨利六世》第二部分，第二幕，第二场。

惜一切代价维护自己的权利。

由于我们不能对人性的正直太过依赖，所以我们若是生活在自然状态下，每个人都必须保护自己，直接维护自己的权利。如此一来，相比激发信任，激起恐惧作为更重要的原则或许不会是错误的。但是在文明状态的生活中，由国家承担保护我们人身和财产的责任，这个原则便不再适用。在这种情况下，它就像强权及公理时代的城堡和瞭望塔一样，只是无用而孤零零的物体，孑然立在耕作良好的田野和繁忙往来的道路乃至铁路之间。

因此，骑士荣誉的授予仍然承认这一原则，在那些涉及人身攻击的小案件中，这些行为在法律的手中仅仅会受到轻微的惩罚，甚至根本不受惩罚，因为这只是些微不足道的错误，有时只是在玩笑中犯下的。对这一原则的有限适用的结果在于，该原则本身被迫对人的价值进行了夸大的尊重，那是一种对人的本性、构造或命运完全陌生的尊重，它得意洋洋地变为一种神圣的东西，而且，由于该原则认为国家对这种所谓微不足道的伤害施加的惩罚非常不充分，因此该原则自发承担起惩罚的责任，去攻击冒犯者的身体乃至生命。

这一套体系显然建立在过度的傲慢自大之上，这种傲慢完全忘记了人的真实面目，声称自己应该完全不受任何攻击，甚至不该遭受任何责难。在那些决心以武力执行这一原则，并宣布将其作为自己行动规则的人看来，"那些侮辱和打击我的人都得死！"他们应该因为对自己的伤害而被驱逐出境。[1]

作为对这种鲁莽的傲慢的姑息，人们习惯于对任何事情都做出让步。如果两个勇敢的人相遇，两个人便互不相让，哪怕是两人之间最细微的分歧都可能引起一阵辱骂，然后是向对方挥起拳头，最后发出致命的一击。这样一来便省略了中间的步骤，立刻诉诸武器，确实是一段更体面的过程。

诉诸武力有其特殊的一套流程，而现在它已经发展成为一套僵化而明晰的法律法规体系，它们共同构成了一场最庄严的闹剧，那是一座供奉愚蠢的合法荣誉殿堂！因为如果两个无畏的人为一些琐碎的事情发生争执（更重要的事情仍由法律处理），而其中一个人（即两个人中比较聪明的那个）当然会让步；这个人会承认两人的不同。事实证明了这一点，普通人（或者更确切地说，社会上那大部分不承认骑士荣誉原则的阶级）会让一切争端顺其自然地发展下去。在这些阶级眼中，杀人犯相

---

[1] 骑士荣誉是骄傲和愚蠢的产物，它是缺乏自信的，而不是骄傲的——这是人类的遗产。一个非常值得注意的事实是，这种极端形式的骄傲只有在倡导最深层次谦卑的宗教的信徒身上才能找到。然而，这种骄傲不能归因于宗教，而应归因于封建制度，封建制度使每个贵族都成为不承认世俗法官的卑微君主，并学会将自己的人身视为神圣不可侵犯的，任何对其人身的攻击、打击或侮辱，都是可判处死刑的罪行。骑士荣誉和决斗的原则最初只限于贵族，后来也只限于军队里的军官，他们享受着与上层阶级断断续续的关系，虽然他们从来没有被纳入上层阶级，但也不甘人后。诚然，决斗是旧的神明裁判的产物；但后者不是基础，而是荣誉原则的结果和应用：认识到不存在世俗法官的人便诉诸神明。然而，神明裁判并不是基督教世界独有的，在印度（特别是古代），神明裁判可能会有很大的影响力，即使现在也仍有踪迹。

比那些对原则表示敬意的人而言简直是九牛一毛，杀人犯的总数可能仅仅屈指可数，甚至连殴打事件的发生也不是很频繁的。

据说，良好社会的礼仪和基调最终是建立在这一荣誉原则的基础上的，而这一原则连同决斗制度，构成了抵御野蛮和粗鲁攻击的堡垒。但是毋庸置疑，雅典、科林斯和罗马有资格去吹嘘其良好的——不，优秀的——社会，吹嘘其举止和语调的高尚秩序，无须任何来自骑士荣誉的支持。诚然，女性在古代社会中并没有她们现在所占据的显赫地位，而当女性地位显赫时，谈话就会带有一种轻浮和琐屑的性质，那些古人杰出的严肃话语被排除在了谈论之外。

这一变化的产生，无疑极大地推动了一种趋势，即在当今的良好社会中，相比其他任何品质，人们更倾向于拥有个人的勇气。事实上，个人的勇气确实是一种非常次要的美德，仅仅是服从者的显著标志。不过这确实是一种美德，在这种美德中，我们被更低级的动物所超越；若非如此，你就不会听见有人说"像狮子一样勇敢"。骑士荣誉远不能作为社会的支柱，它提供了一个可靠的庇护所，庇护的通常是不诚实和邪恶，也包括一些小的不文明、缺乏体谅和不礼貌。粗鲁的行为经常在沉默中被忽略，因为没有人愿意冒着生命危险去纠正它。

在我说完这些之后，在这个政治和财政记录中显示骑士们不太光荣的国家里，决斗制度达到了最血腥的狂热程度并不奇怪。国家在这些人的私人生活和国民生活中到底是什么样子，这个问题应该要问在这方面有经验的人。长期以来，他们所在的城市和社会文化正因他们的缺席而变得引人注目。

那么，在这样的借口中并不存在真相。这些借口可以急切地将这种情况公正化，即当你对一只狗咆哮时，它会反过来咆哮；当你抚摸它时，它便会对你阿谀奉承。这样说来，人的本性就是以敌意来回报敌意，并对任何贬低的对待或仇恨的迹象感到愤慨和恼怒，而且，正如西塞罗所说：

> 嫉妒的根基中有一种极其深刻的东西，即使是充满
> 智慧和价值的人也会发现，嫉妒留下的伤口十分疼痛。

也许除了在少数几个宗教教派中，世界上没有任何地方的人能够平静地接受一切侮辱和打击。然而，对侮辱和打击中任何一者的自然看法，所要求的不过就是与罪行相称的惩罚，而对那些指责别人说谎、愚蠢或懦弱的人而言，他们也绝不会认为死刑应作为一种适当的惩罚。在德国，古老的"以血换拳"理论是来自骑士时代的一种令人反感的迷信，而且在任何情况下，针对侮辱的反击或报复都是由愤怒决定的，而不是骑士精神的倡导者所寻求的那种带有额外荣耀和责任的义务。

事实上，真相越重大，对它的诽谤就越严重，而且很明显，一些针对真正的犯罪行为最轻微的暗示，比完全捕风捉影的最可怕的指控所带来的冒犯要大得多。因此，一个非常确信自己没有做任何值得苛责之事的人可能会蔑视荣誉原则，并且他这样做是没有危险的。荣誉理论要求人们表现出自己不具备的敏感度，并对其根本感觉不到的侮辱进行血腥的报复。如果一个人急于将敌人打得鼻青脸肿，来阻止他人讲出对自己不利的意

见，那么他对自己的价值评价肯定也很低。

对自身价值的真正欣赏会使一个人对侮辱无动于衷，但如果他忍不住怨恨，那么只需一丁点机智和文明就能让他挽回面子，掩盖自己的愤怒。如果他能摆脱这种关于荣誉的迷信，我的意思是：在你被侮辱时，这种荣誉迷信便会消亡，而你可以通过回击这种侮辱来将其恢复。人们认为错误、残暴和傲慢可以通过表达要求补偿的意愿，即为之而战来将其合法化，如果我们能够改变这种看法，那么我们很快就会形成一个普遍的看法，即侮辱和贬低就像一场失败者反败为胜的战斗。正如文森索·蒙蒂[1]所说：

> 辱骂就像是一场教会游行，因为它终究会回到出
> 发的地方。

如果我们能够让人们从这个角度来看待侮辱，就不再需要说一些粗鲁的话来证明自己是对的。而如今不幸的是，如果我们想要严肃地看待任何问题，首先要考虑的是，这种观点是否会以某种方式冒犯到愚蠢的人，他们通常会对最微不足道的智力迹象表现出警觉和怨恨。而且很容易发生的事情是，充满了智慧观点的头脑必须要与蠢人对峙，可蠢人除了狭隘和愚蠢一无所有。

如果这种现象得到消除，智力上的优势能够在社会中占据

---

[1] 文森索·蒙蒂（Vincenzo Monti，1754—1828），意大利新古典派诗人，曾翻译《伊利亚特》。*

主导地位，而这是它应得的，虽然人们不愿意承认，但他们现在所占有的优势地位，实际上仅仅是由于体格的优势，仅仅是由于战斗的勇气。而这种变化将自发产生的效应是，最好的那一类人从社会中退出的理由减少了。这将为引入真正的礼节和真正良好的社会铺平道路，就像雅典、科林斯和罗马社会中显然存在的情况。如果有人想看看我观点之下一个很好的例子，我希望他能读一读色诺芬[1]的《会饮篇》。

为骑士荣誉辩护的最后一个论点是，如果没有它的存在，那么人人都可以攻击别人。关于这一点，我可以简洁地回答，1000个对这些道德准则毫不知晓的人中，有999人经常给予并接受打击，且并没有产生任何致命的后果；而在遵守道德准则的人中，打击通常意味着其中一方的死亡。接下来，我将更仔细地对这个论点进行探究。

我经常试图去找一些站得住脚的，或者至少看似合理的基础，即一些积极的理由，这些基础排除了那些传统的根基。也就是说，在一部分人所持的根深蒂固的信念看来，受到打击是一件非常可怕的事情，但我仍屡败屡战地寻找它，无论是在人性的动物性方面，还是在理性方面。打击是且将永远是一个人可以对另一个人造成的一种十分微不足道的人身伤害；由此证明他在力量或技巧上的优越性，或证明他的敌人没有防备。

这样的分析并不会让我们有所进步。同样作为骑士，一个

1　色诺芬（Xenophon，约前440—前355），古希腊历史学家、思想家，著有《长征记》《希腊史》等。*

人或许会把出自他人之手的打击视为最大的邪恶，可要是他从自己的马那里受到十倍大的打击，即使他在憋屈的痛苦中一瘸一拐地走开，他也会向你保证，这无论如何都只是无关紧要的事情。所以我开始认为，人类之手才是伤害产生的根源。

然而在战斗中，骑士可能会被同一只手砍伤与刺穿，但即使如此，他仍然向你保证，他受的伤不值一提。现在我还听说，来自剑背的一击根本不如棍子的一击来得厉害，而且在此不久之前，军校的学员们更有可能受到来自己方而非敌方的惩罚，对他们而言最高的荣誉就是荣誉称号的授予仪式。这就是我所能找到的，骑士荣誉全部的心理或道德基础。

因此我一无所获，只能说这整件事都是一种根深蒂固的过时迷信，又是显示传统力量的众多例子之一。我的观点在一个众所周知的事实中得到印证，那就是在古代中国，用竹杖打板子是对普通人，甚至是对各级官员的一种十分常用的惩罚。这表明，即使是在高度文明的国家中，人性在不同的国家也是有差异的。

相反，对人性不带偏颇的观点则表明，人受到殴打就像野蛮的动物用嘴将敌方撕咬成碎片，或者带角的野兽去冲撞对方，都是天性使然。可以说人是一种会打架的动物。因此，当我们基于所听到事情的适当性，听到一个人咬了另一个人时，往往会产生反感；但另一方面，若听到有人受到打击或给予了打击，则觉得是自然而然的，这样的事每天都会发生。这是很容易理解的，我们受过教育之后，就会产生通过相互克制而避免打架的倾向。

但是，强迫一个国家或一个阶级将一次打击视为可怕的不幸遭遇，这就是一件很残酷的事情，其后果势必出现死亡和谋杀。世界上已经有太多真正的邪恶，我们不能通过想象中的不幸来平添邪恶，这会把真实的不幸带给人们。然而，这就是迷信产生的实际效果，只能由此证明自己既愚蠢又邪恶。

在我看来，政府和立法机构试图将鞭刑从民事或军事生活中的惩罚手段中废除，从而促进前述一切愚蠢行为，这似乎是不明智的。在他们的想法中，他们是在为了全人类的利益而行动。但事实上，他们所做的却恰恰相反。因为废除鞭刑只会加强这种不人道而可恶的迷信，而人们为这种迷信已经做出了如此多的牺牲。除了那些不可饶恕的重罪，对于所有的罪行而言，殴打是最常见的，因此是一种顺应自然的惩罚；一个不遵从理性的人将会屈打成招。

在我看来，对一名因一无所有而无法承担罚款，也不能被关进监狱的奴隶实施体罚，这是正确而妥当的，因为他的主人的利益会因为他服务的丧失而受到损害。真的没有理由反对这一点：我们只是单纯地谈论"人的尊严"，这种尊严并不源自对这个问题的任何明确概念，而是源自我先前所描述的那种百害而无一利的迷信。

有一个近乎可笑的例子，证明了我所描述的是一种迷信，它位于这整个领域的最底层。不久之前，在许多国家的军纪中，鞭刑都被棍刑所取代。可无论是哪种情况，其目的都是产生肉体上的痛苦；只因后一种方法不涉及耻辱，也不会贬低荣誉。

通过宣扬这样的迷信，国家将骑士荣誉原则玩弄于股掌之间，进而决斗也落入如此境地。同时，国家正在试图，或者至少假装正在试图通过立法来废除决斗。而我们很自然地会发现，从最野蛮的中世纪流传下来的这种宣扬着"强权即公理"的理论，到19世纪还有着强大的生命力，这是我们的耻辱！现在是将这一原则彻底抛弃的时候了。

如今，人们斗鸡或斗狗的活动已经被禁止，无论如何，这在英国都是一种刑事犯罪。可人们却违背自己的意愿，通过这种可笑、迷信和荒谬的原则的运作，将这种义务强加给了人类自己，正如其狭隘的支持者和倡导者所宣称的那样。这令人们陷入了致命的冲突，像角斗士一样为了任何鸡毛蒜皮的小事互相争斗。我提议，我们当中的纯粹主义者用"猎杀"（*Ritterhetze*）这个词来代替"决斗"（*duell*）。因为"*duell*"这个词可能不是来自拉丁语中的"*duellum*"，而是来自西班牙语中的"*duelo*"，其含义正是痛苦、讨厌和烦恼。

总而言之，我们很可能会嘲笑这种愚蠢的制度已经沦落到了学究式的过犹不及。这一原则及其荒谬的道德准则，竟然可以在国家内部形成一种帝国中的最高权力，一种过分容易发挥作用的权力。这种权力在承认"不存在权利，只存在强权"的前提下，通过保持进行调查的方式，对其疆域内的各阶级实施暴政。在这种情况下，任何人都可能在最站不稳脚跟的借口下遭受强迫，然后在自己和对手之间生死攸关的问题上受到审判。这一原则是藏污纳垢的地方，如果某个流氓身处与该原则相关的阶级，他就可以威胁甚至消灭最高贵、最优秀的人，而这些优秀的人理应是他憎恨的对象。

如今，我们的司法和警察保护系统让任何街头无赖都无法攻击我们，无论是针对钱财还是人身。那些压在上流阶级身上的负担应该被解除，我的意思是，我们不能要求上层人士必须时刻准备好让生命和肢体暴露在任何人的假定仁慈之下，而事实上这些人满脑子充满粗野、粗鲁、愚蠢或恶意。仅仅因为说了几句话，就把两个愚蠢的、充满激情的孩子打伤、致残甚至杀死，这实在是太过残忍了。

国家内部这种专制权力的力量和迷信的力量，可以通过这样一个事实来衡量：那些被侵略者的上级或下级阻止恢复骑士荣誉的人，或者其他任何将这些人置于不同水平的东西，往往以纯粹的绝望自杀而以悲剧性的喜剧结尾。一般来说，你可能会发现一件事是错误的和荒谬的，如果它被带到它的逻辑结论，就会导致一个矛盾。而在这里，也有一个非常明显的荒谬。因为军官被禁止参加决斗，但如果他受到挑战并拒绝出来，他将受到解职的惩罚。

在这件事上，让我更坦率一点。人们往往会坚持一种重要的区分，即应该在公平的战斗中，是用同样的武器去杀死敌人，还是伏击敌人。这完全是基于这样一个事实所推论出的必然结果，即一个国家内部的权力，除了强权（也就是强者的既得利益）不承认任何其他的权利，并要求将"上帝的审判"作为整个道德准则的基础。因为在一场公平的战斗中杀死一个人，就证明你在力量或技能上比对方优越；为了证明行为的正当性，"你必须假设强者的权利确实是一种正当权利"。

但事实是，如果我的对手无法为自己辩护，这只是给了我杀死他的可能性，而绝不是权利。权利是"道义上的正当理由"，必须完全取决于我杀死他的"动机"。即使假设我有足够的动机夺走一个人的生命，我也没有理由让他的死亡取决于我的射击或击剑技术比他更强。在这种情况下，我用什么方式杀死他并不重要，无论我是从前面还是从背后攻击他。

从道德的角度来看，强者的权利并不比技巧高超的权利更具有说服力；如果你奸诈地谋杀了一个人，那便是使用了技巧高超的权利。在这种情况下，力量和技能的正当程度无异。例如在决斗中，力量和技巧都会发挥作用，因为佯攻只是背叛的另一个名称而已。如果我认为自己在道德层面有理由夺走一个人的生命，那么我首先去试探他的射击或击剑技巧是否比我高超，这是很愚蠢的。因为如果他确实比我略胜一筹，那他不仅会让我蒙冤，还会让我的生命卷入博弈中去。

卢梭[1]认为，报复侮辱的正确方式不是与那个冒犯者决斗，而是暗杀他。然而他非常谨慎，只在他的《爱弥儿》第四部里相当隐秘的第 21 条注释中，小心翼翼地暗示了这一看法。这表明哲学家完全受到中世纪骑士荣誉迷信的影响，以至于即使他认为谋杀一个指控你说谎的人是正当的，他也必须明白，每个人（尤其是他自己）都理应受到无数次的自欺欺人。

只要是在公开对决中使用平等的武器，那么为杀死你的对手辩护的这种偏见，显然可能被认为确实是正确的，况且那场决斗仿佛正是上帝的干预。那一怒之下的意大利人，不管他在什么地方发现了冒犯者，都会毫不客气地向对方猛扑过去。总

1　卢梭（Jean-Jacques Rousseau, 1712—1778），法国思想家、哲学家、教育家，启蒙运动的代表人物之一，代表作有《社会契约论》等。*

而言之，他的行动始终如一且十分自然：他或许要比决斗者更聪明，却并不比决斗者更道德败坏。如果你说自己有理由在决斗中杀死对手，因为他现在也正尽力想杀死你；那我可以回答说，是你的挑战使他有必要自卫，而通过相互的自卫，战斗双方实则正在寻找一个合理的杀人借口。那么我宁可采用法律准则，"自愿承担风险来证明契约的正当性"，因为当事人双方都同意将自己的生命全部赌在这个问题上。

然而，可以通过证明受害方并非"自愿"受害来反驳这一论点。因为正是这种骑士荣誉的暴虐原则及其荒谬的道德准则，在血腥的宗教裁决实施之前，才总要将至少一名决斗者强行拖下水。

我对于骑士荣誉这个话题的论述已经相当冗长，但我有很好的理由这样做，因为只有在哲学的洗礼下，这团关乎道德和智力的巨大乱麻才能得到条分缕析。相比于一切事务，有两件事更能使现代生活的秩序在与古代的社会安排作比较时处于下风，给我们的时代带来一种阴郁、黑暗和险恶的面貌，而古代却显得古朴、新鲜而自然，就像生命中的清晨一样，是完全自由的。

我的意思是，现代的荣誉和现代的恶疾是一对"难兄难弟"，它们结合在一起，毒害了一切生活关系，无论是公共的还是私人的。而这对高贵兄弟中的后者，其影响远远超出了我们最初的预料，因为它不仅是一种身体上的疾病，还是一种道德上的疾病。从丘比特的箭袋中发现毒箭的时候起，一种疏远、敌对、否定而邪恶的元素就进入了男人和女人之间的关系，它就像一根连接着阴险、恐惧和不信任的线，穿梭在他们纵横交错的关系之中，间接地动摇了人类友谊的基础，因此或多或少地影响了万物存在体系的基调。但是，我现在的目的并不是进一步探讨这个问题。

与此类似的影响力尽管在其他方面也会发挥作用，却仍会受到骑士荣誉原则的影响，这是一场古代世界闻所未闻的庄严闹剧，它使现代社会变得僵化、阴郁和胆怯，迫使我们对世间落下的每一个字都保持着最严格的监视。而这还不是全部。这一原则就像无处不在的弥诺陶洛斯[1]，在每年的进贡中，它要求贵族子弟殷勤陪同，他们不只来自一个国家，而是来自欧洲的每一片土地。现在，是时候对这个愚蠢的系统进行定期的攻击了，这便是我现在试图去做的事情。但愿现代世界的这两个怪物能在本世纪末之前消失！

让我们寄希望于医学，它也许能够找到一些方法来防治其中一个怪物；而通过对我们理想的洗涤，哲学可以终结另一个。因为只有通过理清我们的思想，邪恶才能被根除。各国政府曾试图通过立法做到这一点，但均以失败告终。

不过，如果他们真的关心决斗制度的废止，如果他们努力取得的成果微乎其微，真的只是因为他们没有能力对付邪恶，我倒不介意提出一项我已有准备且确保成功的法律。它不涉及血腥的措施，并且可以在不求助于断头台、绞刑架或终生监禁的情况下实施。这是一颗小小的顺势疗法药丸，不会带来严重的后遗症。

1　弥诺陶洛斯（Minotaur），希腊神话中的人身牛头怪。*

如果有人发出或接受了挑战，就让一位下士把他带到岗哨前面，在光天化日之下用中国式杖刑给他12下，而士官或二等兵则打6下。如果真的发生了决斗，则应该提起常规化的刑事诉讼。

一个带有骑士观念的人可能会反对，如果实行这样的惩罚，荣誉加身的人可能会举枪自杀。对此，我应该回答说，对这样一个傻瓜来说，射杀自己比射杀别人要稍好些。然而我很清楚，各国政府并不是真的在认真对待决斗。除了最高职位的官员，文官（尤其是军队中的文官）的服务报酬是最低的；而荣誉弥补了这一不足，荣誉是以头衔和命令为代表的，而且其弥补手段通常是通过等级和荣誉制度实现。可以说，决斗对于地位显赫的人来说是一匹非常得力的备用马匹，所以他们在大学里接受了关于决斗知识的培训。至于行使了决斗的人，他们引发的事故用鲜血弥补了报酬的不足。

为了结束讨论，让我在这里谈一谈"国家荣誉"这个话题。它是一个国家作为整体所有的荣誉，而且由于没有法院可以上诉，只有诉诸武力加以捍卫。另外，每个国家都必须准备好捍卫自身的利益，一个国家的荣誉在于建立国家荣誉的观点，不仅是因为它可以被信任（其信誉），而且因为它令人畏惧。对国家荣誉权利的攻击绝不能罔顾。国家荣誉是公民荣誉和骑士荣誉的结合体。

名　声

我们已经把"名声"放在了"世界对我们的评估"这一标题下，这一点我们现在必须着手考虑。

名声和荣誉是一对双胞胎，而且就像卡斯特与帕勒克[1]，其中一个是会死的，而另一个不会死。名声是短暂荣誉的永恒兄弟。当然，我说的是最高的名声，也就是真正意义上的名声。因为可以肯定的是，名声有很多种，其中有些只是过眼云烟。荣誉只涉及每个人在类似情况下都应该表现出来的品质，而名声只涉及那些不能要求任何人拥有的品质。

荣誉是每个人都有权归因于自身的品质，而名声只属于那些应该留给别人去归因于自身的品质。我们的荣誉只延伸到了解我们的人那里，而名声会先行一步，名声所到之处我们就会被人所了解。每个人都可以要求荣誉，却很少有人能获得名声，因为只有凭借非凡的成就才能实现。

这些成就可能有两种，要么是丰功伟业，要么是传世作品。因此要想成名，有两条路是敞开的。要建功立业，就要有一颗伟大的心；要创造出作品，就需要一颗伟大的头脑。这两条道路都有其独特的优点和缺点，它们之间的主要区别为功业是短暂的，而作品可以长存。无论一项功业多么高尚，其影响只能持续很短的时间；但天才的作品是一种活生生的影响，有益于世世代代。

功业所能留下的只是一段记忆，随着时间的流逝，它会变得脆弱和褪色——它对我们来说变得不再重要，直到最终完全消失。除非历史将它捡了起来，并将其作为化石呈现给后代。而作

1　卡斯特（Castor）与帕勒克（Pollux），希腊神话中天神宙斯的双胞胎儿子，其中帕勒克拥有不死之身，而卡斯特却是个凡人。*

品本身就是不朽的，一旦用心写了下来就可能代代相传。关于亚历山大大帝，我们只有他的名字和记录；但是柏拉图、亚里士多德、荷马和贺拉斯都还活着，直到今天还像他们在世时一样发挥着直接作用。《吠陀经》和《奥义书》[1] 仍然和我们在一起，但是同时期的所有丰功伟业，没有一丝痕迹传到我们身上。[2]

功业的另一个缺点是，它们依赖于机会来获得存在的可能性。因此，它们赢得的名声并不完全来自其内在价值，而是来自恰好赋予它们重要性和光芒的环境。同样，功业的名声如果像在战争中那样纯粹是个人的，则取决于较少的证人的证词；而这些证人并不总是在场，即使在场，也不总是公正而没有偏见的观察者。然而，这一缺点被这样一个事实所抵消，即功业

1　《奥义书》（*Upanishad*），古印度经典文献，用散文或韵文阐发印度教吠陀文献的思辨著作。*

2　因此，试图通过将一件作品称为一种行动来向它致敬，是一种糟糕的赞美，尽管有时是一种时尚的赞美。因为作品本质上是更高级的东西，而行动总是以动机为基础的，因此是零零散散、转瞬即逝的。事实上，行动是意志的一部分，而意志是构成世界的普遍而原始的要素。但是，伟大而美好的作品具有永恒的品格，因为它具有普遍的意义，它从人类智力中涌现出来，像香水一样升腾，超越意志世界的错误和愚蠢。

　　一项伟大行动的名声有这样的好处，即它通常以一声巨大的爆炸声开始。它的声音是如此之大，以至于整个欧洲都能听到。而一部伟大作品的名声在一开始是缓慢而渐进的，它发出的噪音起初很小，但持续增长，直到最后，也许在一百年之后，它的力量才达到最大。而名声仍然存在，因为这些作品仍然存在，持续数千年之久。但在另一种情况下，当第一次爆炸结束时，它发出的噪音越来越小，听到的人越来越少，直到它作为只在历史上模糊存在的一项行动而终结。

具有实用的特点。因此，在一般人类的智力范围内，一旦事实得到正确报道，正义就会立即得到伸张；除非事实上，功业背后的动机一开始没有得到适当的理解或欣赏。除了促使它发生的动机，没有任何功业可以被真正理解。

作品与之正好相反。它们的诞生并不依赖机会，而是完完全全取决于它们的作者。不管这些作者是谁，作品一旦写就，它们就为自己而存在下去。此外，要正确判断它们是有困难的，而且作品的品格越高，这就变得越难；往往没有人有能力理解作品，也没有公正或诚实的批评家。

然而，作者的名声并不仅仅取决于一位法官，他们可以向另一位法官提出上诉。就功业而言，正如我所说，只有关于它们的记忆才会流传给后人，然后只会以传统的形式流传下来。但作品是自己流传下来的，除非它们的一部分已经丢失，否则都是以最初出现的形式流传下来。

在这种情况下，事实没有任何变形的余地；任何可能在起源时产生偏见的外部情况，都会随着时间的流逝而消失。不，通常只有在时间流逝之后，真正有能力评判它们的人才会出现——杰出的批评家坐在那里对非凡的作品进行评判，并陆续做出他们的重大裁决。这些共同形成了完美、公正的鉴赏，尽管在有些情况下要花费几百年才能形成，但没有时间的流逝能够推翻判决；一部伟大作品的名声是如此可靠和必然。

作者们能否活着看到他们成名的曙光，取决于时运；他们的作品越高级、越重要，这种情况就越少发生。塞涅卡有一句无与伦比的精辟名言：

> 名声跟随功绩，就像身体投下阴影一样；有时落
> 在前面，有时落在后面。

他接着说：

> 虽然当代人的嫉妒表现在普遍的沉默中，但将来
> 会有那些没有敌意或偏袒的人来评判。

从这句话可以明显看出，即使在塞涅卡的时代，也有一些流氓了解通过恶意忽视作品的存在来封锁其价值的艺术，以及为了偏袒坏人而向公众隐瞒好作品的艺术。这也是一种在我们这个时代很好理解的艺术，无论当时还是现在，都在"嫉妒引起的心照不宣的沉默中"表现出来。

一般说来，一个人的名声可以持续的时间越长，反而来得越晚，因为所有优秀的作品都需要时间来发展。传给子孙后代的名声就像一棵橡树，生长非常缓慢；只持续一段时间的名声，就像植物在一年后长出，然后死去；而虚假的名声就像一株真菌，在夜里萌芽，很快就会枯死。

为什么？因为，一个人越是属于子孙后代（换句话说，属于一般人类），他对同代人而言就越像一个异类。因为他的作品本身并不是为他们而写的，他的作品中没有一种熟悉的地方色彩能吸引他们。所以他的所作所为没有得到认可，因为这在其他人看来很奇怪。

人们更有可能欣赏那些为自己短促一生的境遇或者一时的

倾向服务的人。他们完全属于时代，并与之同生共死。

艺术和文学的一般历史表明，人类心灵的最高成就通常一开始并不是很受欢迎的。它们在获得具有高级智慧的人的注意之前，一直处于默默无闻的状态。通过他们的影响，凭借由此给予它们的权威，这些作品被带到了一个随后一直得以保持的位置之上。

如果要问原因，我们最终会发现，一个人只能真正理解和欣赏那些与自己本性相似的东西。迟钝的人会喜欢无聊的东西，普通人会喜欢普通的东西，思想混杂的人会被混乱的思想所吸引，愚蠢只会吸引那些根本没有头脑的人。但最好的情况是，一个人会喜欢自己的作品，因为他与自己的性格完全合而为一。这是一条与拥有传说般记忆的埃庇卡摩斯[1]一样古老的真理：

> 我说出我自己的看法，这毫不奇怪；
> 而他们沾沾自喜，自以为他们才是值得称道的。
> 狗对狗来说，当然是最漂亮的生物。
> 牛对牛也是这样，
> 猪对猪，驴子对驴子，莫不如此。

这段话的意义不应该被忘记，那就是：如果人们对自己感到满意，并且认为自己情况良好，我们不应该感到惊讶。因为

---

[1] 埃庇卡摩斯（Epicharmus，前540—前450），古希腊喜剧作家、哲学家。*

对狗来说，世界上最好的东西就是狗；对于牛来说就是牛，对驴来说就是驴，对母猪来说就是母猪。

最强壮的手臂无助于给轻如羽毛的东西提供动力，因为它不会在途中加速并有效地击中目标，而是很快就会掉到地上，耗尽了它仅有的一点点能量，自身没有质量作为动力的载体。伟大而高尚的思想也是如此——不，天才的杰作也是如此——如果接受这些思想的是渺小、虚荣和扭曲的心灵的话。这一事实已经令各个时代的聪明人感到痛惜。以西拉之子耶稣为例，他宣称：

> 对愚人讲故事如同对一个睡梦中的人说话，当他讲完故事后，那个人会问："怎么了？"[1]

哈姆雷特说：

> 下流的话，正好让它埋葬在一个傻瓜的耳朵里。[2]

歌德的观点也是一样的：

> 如果听者是个傻瓜，
> 最妙的话语也会招来嘲讽。

---

[1] 《传道书》。
[2] 《哈姆雷特》，第四幕，第二场。

同样，我们不应该因他人的愚蠢而感到沮丧。

> 你的话没有任何结果，众人如此迟钝，
> 保持良好的心情吧！
> 石头扔进沼泽，
> 不会激起涟漪。

利希滕贝格问道：

> 当一个头脑和一本书发生碰撞，其中一个听起来
> 是空的，它是不是总是书？

他又说：

> 这样的作品就像一面镜子；如果笨人往里看，你
> 不能指望往外对视的是一位圣人。

我们应该好好记住老葛勒特（Gellert）美好而感人的哀叹：

> 最好的礼物最少被人赞叹，
> 大多数人把坏的东西误认为是好的。
> 一种没有什么能阻止的日常的邪恶，
> 就像一场无药可治的瘟疫。
> 只有一件事要做，尽管那么困难：

愚蠢的人必须变得聪明，

而他们永远不可能成为明智的人。

他们永远不会知道事物的价值，

他们用眼睛去看，而不是用心灵去看，

并且赞美微不足道的东西，

因为好的东西对他们来说是陌生的。

正如歌德所说，无法认识和欣赏存在的善的智力无能，必须加上一些无处不在发挥作用的东西——人类的道德卑劣，在这里以嫉妒的形式出现。一个人赢得的新名声将他重新抬高到他的同伴的头上，他们因此被按比例降级。所有显眼的优点都是以没有任何优点的人为代价获得的；或者，正如歌德在《西东诗集》中所说的：

我们给予别人荣誉的同时，

也贬低了我们自己。

那么我们就会明白，无论卓越采取何种形式，平庸（到目前为止最多的人的共同命运）都会联合起来对抗它，如果有可能的话，就会共谋来压制它。这个联盟的通行证是"打倒成就"。更重要的是，那些自己做过一件事并享有一定声誉的人，并不关心新名声的出现，因为它的成功容易使他们的名声黯然失色。因此歌德宣称：

倘若我迟疑不定，

等待人们许可我出生，

那我至今还未降生世间。

你们能够明白原因，

那些炫耀自己的人，

乐于否定我的存在。

相反，荣誉通常会得到公平的欣赏，不会受到嫉妒的猛烈攻击——不，每个人都相信自己拥有它，直到事实证明恰好相反。但是名声必须在嫉妒中赢得，而授予桂冠的法庭是由从一开始就对申请人有偏见的法官组成的。荣誉是我们能够并且准备好与每个人分享的东西；名声会受到侵占，并且随着越来越多的人得到它，名声也变得越来越难以实现。

此外，任何特定作品成名的难度，与可能阅读它的人的数量成反比。因此，作为一位博学作品的作者出名，要比作为一位只渴望娱乐的作家要难得多。最难的是哲学作品，因为它们所指向的目标相当模糊，同时从物质的角度来看也是无用的，主要吸引那些在同一领域工作的读者。

那么，从我所说的关于成名的困难可以清楚地看出，那些努力写作的人假如不是出于对他们的主题的热爱，也不是出于追求写作的乐趣，而是在野心的刺激下，那么不朽的作品就会变得很少。寻求做好事和真诚的事情的人，必须避免做糟糕的事情，并准备好藐视大众的意见——不，甚至鄙视大众及其误导者。由此证明了这句话的真实性——特别是被奥索留斯

（Osorius de Gloria）所强调的——名声避开那些寻求它的人，并寻求那些躲避它的人。因为有的人使自己适应同时代人的品位，而有的人则蔑视它。

但是，虽然获得名声是困难的，但一旦获得，保持起来却是一件容易的事情。在这一点上，名声又是与荣誉直接对立的，因为荣誉大概是每个人都有资格获得的。荣誉不是要赢得的，只是不能失去。但这就是困难所在！因为单凭一次不能被接受的行动，它就无可挽回地消失了。但是名声——在这个词的真正意义上——永远不会消失。因为获得它的功业或作品永远不会撤销；而名声依附于它的作者，即使他没有做任何值得重新得到它的事情。消失或逝去的名声由此证明自己是虚假的，换句话说，是不应得的，而且是由于一时高估了一个人的作品。更不用说黑格尔[1]所享有的那种名声，而利希滕贝格将其形容为：

> 它是由一群仰慕他的本科生大肆宣扬的——由空洞的头脑响应；这样的名声，当它点亮一座怪诞的言辞大厦，细看一个鸟儿早已飞走的精美鸟巢时，它会让后人微笑；敲开这个腐朽的传统结构的门，发现它完全是空的！那里连一丝吸引路人的想法都没有！

事实是，名声只意味着一个人与他人相比是什么。它本质

1　黑格尔（G. W. Friedrich Hegel, 1770—1831），德国哲学家，德国唯心主义哲学的代表人物之一，代表作有《精神现象学》《法哲学原理》等。*

上是相对的，因此只有间接的价值。因为在其他人成为名人的那一刻，它就消失了。绝对值只能用一个人在任何情况下都拥有的东西来断定——在这里，即一个人之所是。一颗伟大的心或伟大的头脑，而不仅仅是名声，这是值得拥有的，并有助于增进幸福。

一个人应该尊重的不是名声，而是值得出名的东西。可以说，这才是真正的本质，而名声只是一种偶然，主要作为一种外在症状影响着它的主体，用来印证一个人对自己的看法。光是看不见的，除非它遇到某种东西来反射它；只有当自己的名声在外响彻时，人才能确信自己不凡。但名声并不是准确无误的信号，因为既存在有功绩而无名声的情况，也存在无功绩而有名声的情况。或者正如莱辛[1]所说：

> 一些人享有名声，其他人配享名声。

如果价值或缺乏价值取决于别人的想法，那将是一种悲惨的存在；但如果它的价值在于名声，也就是世界的掌声，那么这就是英雄或天才的生活了。每个人都是为了自己而生存和存在的，因此，**每个人都首先在自身之内存在，并且为了自己而存在。**他是什么以及他的整个存在方式，比任何人都更与他自己有关。所以，如果他在这方面没有多大价值，那么他在其他

1　莱辛（Gotthold Ephraim Lessing，1729—1781），德国启蒙运动时期作家、文艺理论家，代表作有《爱米丽亚·迦洛蒂》等。*

方面就不可能有太大价值。其他人形成的关于他存在的想法是次要的、衍生的，暴露在命运的偶然之下，并最终影响他（但非常间接）。此外，将一个人真正的幸福寄托于其他人的想法会很悲惨——也许是一种幻想的幸福，但不是真正的幸福。

名人堂是一个多么复杂的大集合！将军、大臣、江湖骗子、变戏法的人、舞者、歌手、百万富翁和犹太人！在这样一座殿堂里，人们对这些人给予更真诚的认可、更真诚的尊重，远超思想上的优越——尤其是高级的那一类，只从大多数人那里得到口头上的承认。

从人类幸福的角度来看，名声无疑不过是以骄傲和虚荣为嗜好的一小口非常罕见而微妙的食物——这种嗜好无论多么小心地隐藏起来，在每个人身上都是过度的，在那些不惜一切代价成名的人身上，也许是最强烈的。这样的人通常需要在不确定自己价值的情况下等待一段时间，然后才有机会让其他人认可他们的才华；但在此之前，他们感觉自己怀才不遇。[1]

但是，正如我在本章开始时所解释的，别人的意见被赋予了过度的价值，与它的真正价值相当不成比例。霍布斯[2]的说法十分绝对，但毫无疑问，他是非常正确的。他写道：

---

[1] 我们最大的乐趣在于被钦佩。但是那些钦佩我们的人，即使他们有充分的理由这样做，也很难表达他们的感情。因此，最幸福的人是那些不管怎样，只要别人不打扰他，他都会设法真诚地钦佩自己的人。

[2] 霍布斯（Thomas Hobbes，1588—1679），英国政治家、哲学家，代表作有《利维坦》等。*

> 如果我们将自己与他人进行比较时得出的结论是，我们可以高度评价自己，那么精神上的愉悦和各种狂喜都会随之产生。

因此，我们可以很容易地理解始终附加在名声之上的巨大价值，如果有一丁点希望获得它的话，任何牺牲都是值得的。

> 名声——这高贵灵魂的最后弱点，
> 激励着我们轻视欢乐，选择过辛劳的日子。[1]

又，

> 高傲的名声之殿堂闪耀在遥远的山巅，
> 爬上去何其艰难！

因此，我们可以理解为什么世界上最虚荣的民族总是在谈论"荣耀"，并不假思索地将其作为伟大功业和伟大作品的主要动力。但毫无疑问，名声在性质上是次要的，仅仅是一种回声或反射——就像一个影子或症状——而在任何情况下，激起钦佩的东西肯定比钦佩本身更有价值。事实上，一个人之所以快乐，不是因为名声，而是因为给他带来名声的东西，是因为他的优点，或者更准确地说，是由于他的优点得以产生的性格

1　弥尔顿（John Milton），《利西达斯》（*Lycidas*）。

和能力，无论是道德上的还是智力上的。

一个人本性的最好的一面，对他来说必然比对其他任何人而言都更重要：对它的反映，即存在于他人头脑中的观点，是一件只能在非常从属的程度上影响他的事情。只要配享荣誉，虽然没有得到它，但是已经获得了幸福中更为重要的元素，虽然失去其他东西，但是拥有这些元素足以给他带来安慰。这并不是说一个人被大量无能的、常常痴迷的人认为是伟大的，我们就应该羡慕他，而是他真的很伟大，这才让我们羡慕。他的幸福不在于后人会听说他，而在于他是值得珍视、耐人琢磨的思想的创造者。

此外，一个人所拥有的东西是无法从他身上被夺走的；而且，与名声不同的是，这是一种完全依赖于他自己的财产。如果钦佩是他的主要目的，那么他身上就没有什么可钦佩的了。这就是在虚假的情况下发生的事情，也就是不应得的名声；因为它的接受者生活在此名声之上，而实际上并未拥有坚实的基础，而名声只是它的外在和可见的标志。虚假的名声常常会使拥有它的人否定自己，因为也许有一天，尽管有源自自爱的幻想，他会在自己本不想攀登的高度上感到头晕，或者认为自己是一枚伪币。他会担心被人揭穿，害怕应得的落魄，他会在智者的额头上读到后人的判决——就像一个人用伪造的遗嘱获得了财产一样。

最真实的名声，即死后的名声，其接受者从未听说过。然而，他却被称为一个幸福的人。

他的幸福既在于拥有那些为他赢得名声的伟大品质，也在于他获得了发展这些品质的机会——他有随心所欲的闲暇时间，献身于自己最喜欢的事业。只有发自内心的作品，才能获得桂冠。

一个人的幸福在于，当他的伟大灵魂或精神财富被印在作品上时，将受到未来几个世纪的人的钦佩，那些使他在当时感到快乐的思想，将反过来成为最遥远的后人最高尚的心灵的学习和愉悦的源泉。死后成名的价值在于它值得拥有，而这就是它自己的回报。命中注定要成名的作品能否在其作者的有生之年成名是一个偶然的事件，并不是很重要。因为普通人没有自己的判断力，绝对无法欣赏一部伟大作品的难得之处。人们总是被权威所左右，而在名声广泛传播的地方，这意味着 100 个人中有 99 个人仅仅依靠信念。如果一个人在自己的一生中广为人知，如果他是明智的，他就不会把它看得太重，因为它只不过是少数几个声音的回声，而这些声音只是他恰好走运听到了而已。

如果一位音乐家知道观众几乎都是聋子，并且为了掩饰他们的疾病，他们一看到一两个人鼓掌就开始大力鼓掌，他会不会因听众的响亮掌声而感到受宠若惊呢？甚至，如果他知道那一两个人经常收受贿赂，为最糟糕的演奏者赢得最响亮的掌声，他会说什么呢！

我们很容易理解，为什么当代的赞美很少发展成死后的名声。达朗贝尔 [1] 在一段对文学圣殿极好的描述中评论说：

---

[1]　达朗贝尔（Jean le Rond D'Alembert，1717—1783），法国物理学家、数学家、天文学家，代表作有《数学手册》等。*

神庙的圣殿被伟大的死者占据着，他们活着时在此没有一席之地，只有极少几个活着的人占有位置，但是几乎都在死后被扔了出去。

让我顺便说一句，在一个人活着的时候就竖立一座纪念碑，就等于宣布不能相信后人对他的判断。如果一个人确实碰巧看到了自己真正的名声，那么他在自己年老之前就能看到的情况很少见，尽管有一些艺术家和音乐家是这条规则的例外，但很少有哲学家如此。由于自己的作品而出名的人的肖像证实了这一点。因为这些肖像大多数都是在他们成名之后画的，通常把他们画得苍老年迈，哲学家尤其如此。

从幸福学的观点来看，这是一个非常恰当的安排，因为名声和青春在同一时间到来，对一个人来说是难以消受的。人生太过于贫乏，好的东西必须严格分配。青春本身就风姿绰约，理应心满意足。但是，当生命的快乐和欢愉在年老时凋谢，就像秋天的树叶一样，名声的萌芽恰到好处地萌发，就像冬青一样。可以说，名声是一种果实，它必须在整个夏天生长，然后才能在冬季享用。在年老的时候，年轻时投入所有心力的作品历久弥新，没有什么比这更能让人感到安慰了。

最后，让我们更仔细地审视一下各种智力追求所能获取的名声，因为我的话正是与这种名声直接相关的。

我认为，可以宽泛地说，这种名声所表示的智力优势在于形成理论，即某些事实的新组合。这些事实可能属于非常不同的种类，但它们越是为人所知，并且越多地深入日常经验当中，通过对它们进行理论化而获得的名声就会越大，并传播越广。

例如，如果讨论的素材是数字或线条，或科学的特殊分支，如物理学、动物学、植物学、解剖学，或古代作家几段残缺的文字，或用一些未知的字母书写的无法辨认的铭文，或历史上一些晦涩难懂的点；通过正确地处理这些事实而获得的名声，不会超出那些研究这些素材的人——少数人，他们中的大多数过着离群索居的生活，羡慕那些在特殊的知识领域成名的人。

但是，如果事实是大家都知道的，例如人类心智或人类心灵的基本特征，这是所有人都相同的；或者是在我们眼前不断运行的自然力量，或者自然规律的一般过程。通过传播一种关于它们的新的、显然是真实的理论的光芒而获得的名声，随着时间的推移，几乎会遍及整个文明世界。因为如果事实是每个人都能掌握的，那么理论大体上也是可以理解的。但是，名声的大小将取决于所克服的困难，而事实越广为人知，就越难形成一个既新又真实的理论。因为许多人会一心钻研它们，很少或根本不可能说出以前没有人说过的任何话。

另外，那些不是每个人都能接触到的事实，只有经过许多困难和劳动才能得到，那么总是有可能发现新的组合和理论。因此，如果有健全的理解和判断作用于它们——这些品质并不涉及很高的智力——一个人很容易就能幸运地发现一些关于它们的新理论，这些理论也应该是正确的。

但是，在这样的道路上赢得的名声，并没有延伸到那些拥有相关知识的人之外。要解决这类问题，无疑需要一个伟大的学习和工作的典范，即使只是为了弄清事实。而在获得最大、最广泛的名声的道路上，可能根本不需要任何劳动就能掌握事实。但是按比例来说，因为需要更少的劳动，就需要更多的人才或天才。而在这些品质和研究的单调乏味之间，无论是在其内在价值方面，还是在对它们所持的评价方面，都是不可能进行比较的。

因此，那些认为自己有坚实的智力和健全的判断力，但又不能声称拥有最高智力的人，不应该害怕艰苦的学习。因为在艰苦学习的帮助之下，他们就可以超越那些拥有众人皆知的素材的大众，到达唯有勤奋治学才能达到的僻静之地。

因为这是一个竞争对手无限少的领域，一个只有中等能力的人可能很快就能找到一个机会，来宣布一个既新又真实的理论——不，他的发现的价值在一定程度上将取决于发现事实的难度。但是，同学们（他们是唯一对这门学科有所了解的人）的掌声在遥远的人群中听起来非常微弱。

如果我们对这种名声追随得足够远，最终就会达到这样一个境界：很难得到的事实本身就足以奠定名声的基础，而不需要形成一种理论。例如，在偏远和鲜为人知的国家旅行，这些国家使一个人出名是在于他所看到的东西，而不是他的思想。这种名声的最大好处是，讲述一个人所看到的东西比传达一个人的思想容易得多，而且人们更容易理解描述而不是想法，所以讲见闻的书远比讲思想的书更畅销。因为，正如阿斯摩斯[1]所说：

1　阿斯摩斯（Asmus，1740—1815），德国诗人。*

如果一个人出去旅游，

那么他就有故事可以讲。

尽管如此，与有名的旅行者亲身打过交道之后，经常让我
们想起贺拉斯的一句话：

到海外旅行的人只是变换了气候而已，并不曾改
变思想意识。[1]

但是，如果一个人发现自己拥有伟大的智力，比如独自冒
险解决所有问题中最困难的问题——那些涉及整个自然以及范
围最广的人性的问题，他会对各门学科都有所涉猎，而不会在
错综复杂的各种小径或鲜为人知的区域走得太远。换句话说，
不用让专门的知识分支来占据自己，更不用说它们的细枝末节
了。他没有必要寻找难以企及的主题，以逃避一群竞争对手；
生活中摆在大家面前的对象将为他提供材料，使他既严肃又真
实地提出新的理论；他做出的贡献将会被大部分人赏识，因为
他们熟知他所处理的材料。物理学、化学、解剖学、矿物学、
动物学、文献学、历史学的学生，与处理人类生活重大事实的
诗人和哲学家之间有着多么巨大的区别！

1　《书札》。

劝诫与格言

幸福并非易事。

求诸自身也难寻觅其踪迹，

在其他地方更是无处可寻。

——尚福尔

如果我在本书中的目的是提出一套完整的指导生活的忠告与格言，那么我就必须重复那些由各个年代的思想家——从泰奥格尼斯[1]和所罗门[2]一直到拉罗什富科[3]——提出的众多准则，其中不乏真知灼见。但是这样做的话，我必然会给读者带来大量的老生常谈。但事实是，在这部作品中，我对穷尽主题这一目标的追求比其他任何作品都要少。

　　在很大程度上，不追求完整性的作者还必须放弃任何进行系统性论述的尝试。对于他在这方面的双重损失，读者可以通过反思来明白——对这样一个主题进行全面而系统的处理，以作为生活的指导，几乎必然是一件非常乏味的事情——并以此来安慰自己。我在此只记下我那些似乎值得交流的思想——据我所知，这些思想还没有人表达过，或者至少他人没有以同样的形式说过。这样一来，我的话就可以被看作对这一广阔领域

1　泰奥格尼斯（Theognis，约前585—前540），古希腊诗人，生平不详。*

2　我指的是《旧约》中提到的那位国王的谚语和格言。

3　拉罗什富科（La Rochefoucauld，1613—1680），法国古典作家，代表作有《箴言集》等。*

已经取得的成就的一个补充。

由于下文中给出的建议所针对的问题多种多样，所以为了更有条理，我将把它们分成以下四个部分：(1) 一般规则；(2) 我们与自身的关系；(3) 我们与他人的关系；(4) 与我们的生活方式和世俗环境有关的规则。最后，我将就人生不同时期给我们带来的变化说几句话。

第一章 一般规则

1

在我看来，明智的生活态度的首要准则，似乎就包含在亚里士多德在《尼各马可伦理学》中随口提到的一个观点里：

> 智者的目标不是快乐，而是免于痛苦。（VII.12）

这句话中包含的真理在于幸福的负面特征——快乐只是对痛苦的否定，而痛苦才是生活中的积极因素。尽管我已经在自己的主要作品中给出了对这个命题的详细证明，在这里我仍会进一步给出来自日常生活的案例。[1]

假如我们身体健康，只是某些部位有点酸或痛，而这疼痛的部位会将我们的注意力完全吸引过去，使我们丧失总体的幸福感，将我们生活中的一切舒适感破坏殆尽。同样地，当我们除了某一件事外一切顺遂，那么实现目标时的单个困难将会持续困扰我们，即使这个困难十分微不足道。我们一心想着这些困难，却很少考虑那些已经获得的、更为重要的成功。

---

1 《作为意志和表象的世界》，第 1 卷，第 58 页。

在上述两种情况下，遭遇阻力的都是我们的"意志"。前一种情况中，是在有机体中被具体化；后一种情况中，是出现在了生活的挣扎中。很明显，在这两种情况下，意志的满足仅仅在于它没有遇到任何阻碍。因此，这种满足无法被直接感受到，只有在我们反思自己的状况时，才能意识到这种满足。但是，那些让意志中止或受阻的东西却是积极的，它们宣告着自己的存在。一切快乐都来自解除并摆脱这些对意志的压抑，因此，快乐状态永远不会持续太久。

这才是上述引自亚里士多德的卓越法则真正的基础，这一法则要求我们为了目标而努力，不是为了获得生活中那愉悦宜人的东西，而是为了尽可能避免生活中那防不胜防的邪恶。伏尔泰曾说过：

幸福不过是一场梦，悲伤才是真实存在的。

如果我们没有正确领悟这一点，就会以为伏尔泰这句箴言也是错误的。一个人如果想要撰写属于自己的人生之书，并确定幸福的平衡点在哪里，那么他必须记下来的不是享受过的快乐，而是逃脱了的罪恶。这才是真正的幸福学方法。因为要寻得幸福学的门径，必须首先认识到该名称本身只是一种委婉的说法，"快乐的生活"仅仅意味着"生活中的不快乐少一点"，即上一种尚可容忍的生活。

毫无疑问，我们被赐予生命，不是让我们去享受，而是让我们去克服、去打破困难。有许多表达方式阐明了这一点，例如拉丁语中的"得过且过"（*degere vitam*）、"挺过一生"（*vita defungi*）；或者意大利语中的"熬过一生"（*si scampa cosi*）；或者德语中的"我们得尽力顺利生活"（*man muss suchen durchzukomman*）、"混日子"（*er wird schon durch die welt kommen*），等等。

人到了老年，想到生命中的工作已经结束，这确实是一种安慰。最幸福的事不是经历了最强烈的快乐或最宏大的愉悦，而是无须经历任何身体或精神上的巨大痛苦，如此了却今生。用快乐或愉悦来衡量生活的幸福程度，这一标准本身就是错的。

因为快乐一直是消极的，"幸福由快乐产生"是一种错觉，因嫉妒而分外珍惜它，然而却自食其果。痛苦被认为是一种积极的东西，因此它的缺位才是幸福的真正标准。而且，如果除了从痛苦中解脱，还能免除无聊，那么世俗幸福的必要条件就已经达到了——因为其他的一切都是空想。

由此得出的结论在于，一个人永远不该试图以痛苦为代价去追求快乐，甚至是冒着招致痛苦的风险去追求它。这样做就是用积极和真实的东西，去为消极和虚幻的东西付出代价。而为了避免痛苦而牺牲快乐，是有净收益的。

在这两种情况下，痛苦到底发生于快乐之后还是快乐之前，都无关紧要。试图把痛苦场景变成快乐花园，将快乐和愉悦作为目标，而不是获得一种尽最大可能摆脱痛苦的自由，完全是在颠倒自然规律。但有许多人就是这么做的！

若采取一种悲观的视角，把世界看作某种地狱，并且限制

135

自己的努力，以确保小小的空间免于被烈火吞噬，这其中颇有几分智慧。愚昧的人急于追求生活的乐趣，却发现自己被愚弄了。聪明人会规避生活的罪恶，即使他十分谨慎，却仍然陷入不幸，那是命运的错，而非因为他自己的愚蠢。只要他的努力取得了成功，就不能说他的生活是虚幻的，因为他要躲避的罪恶是非常真实的。即使他为了躲避罪恶而走得太偏，牺牲了不必要的快乐，实际上他并不会因此而变得更糟。因为所有的快乐都是虚幻的，为失去其中任何一种而悲哀，都是一件轻浮甚至荒谬的事情。

　　未能认识到这一事实是许多不快乐的根源，即因为过度乐观而失败。在痛苦不存在的时候，我们那不安的愿望如同在镜子里一样，呈现出一种与现实毫不相干的幸福景象，引诱我们去追逐它。在这一过程中，我们却为自己带来了痛苦，这是一种不可否认的真实。最后，我们会怀着遗憾的心情，看着那令人失落、毫无痛苦的状态。痛苦是我们赌博输掉的天堂，它已经不在我们身边，我们渴望挽回已有的过错，却徒劳无功。

　　人们很可能会认为，这些愿望得以实现的幻象是某种恶灵的杰作，是为了诱使我们脱离那种造成极大幸福的无痛状态，而虚构出了这一幻象。

　　大意的年轻人可能会认为这世界就是要享受的，就好像这世界是真正的、积极幸福的栖息地，只有那些不够聪明、不足以克服漫漫途中痛苦的人，才无法获得这种幸福。当他阅读诗歌和浪漫小说的时候，这种错误的观念就会更强力地禁锢住他，并使他被外在的表象所欺骗，可这种虚伪彻头彻尾就是这世界的特征。

就这一点而言，我有些话要说。最终，他的生活或多或少是种对积极幸福的刻意追求，他认为幸福等同于一系列定义明确的快乐。在寻求这些乐趣的过程中，他遇到了危险，这是一个不该被忘记的事实。他狩猎的是根本不存在的猎物。他最终因此遭受了一些非常真实和积极的不幸，包括痛苦、疾病、丧失、顾虑、贫穷、羞愧，以及生活中的一切千疮百孔。可这已经太晚了，他发现自己受到了戏耍。

但如果我提到的规则得以实现，同时实现了一套通过规避痛苦来推进的生活计划。换句话说，通过对各种形式的需要、疾病和痛苦采取预防措施，目标便是真实的，只要不因追求积极幸福的幻象而受到干扰，该计划就可能取得重大进展。这与歌德在《亲和力》中表达的观点是一致的，并借米特勒（Mittler）之口说了出来，而这是个一心让他人快乐的人：

> 对摆脱邪恶的渴望是一个明确的目标，若是对更好的命运产生渴望，则是盲目的愚蠢。

同样的道理也包含在下面这句优美的法国谚语中：

> "最好"是"好"的敌人。

——见好就收吧。而且，正如我在自己的代表作中所说的，这是犬儒主义哲学体系下的主导思想。[1] 倘若不是痛苦总是在一定程度上与快乐捆绑在一起，怎么会导致犬儒主义者否定各种形式的快乐呢？对他们来说，走出这条痛苦的道路，似乎比获得快乐好走得多。虽然他们对愉悦的负面性质和痛苦的积极性质印象深刻，但他们始终致力于避免痛苦。在他们看来，达到这一目的的第一步，就是对快乐彻底而刻意的否定。因为这种快乐只会欺骗受害者，让他栽在痛苦的手里。

正如席勒[2]所说："我们都生在世外桃源。"换句话说，我们来到这个世界上，充满了对幸福和愉悦的要求，怀着让生活更好的美好希望。但是，命运很快就作为一种规则，以简单粗暴的方式告诉我们，我们真的一无所有。但世间万物都在命运的指示下，它拥有无法撼动的权利。命运不仅指示我们一切的所有与所获，我们的妻子或孩子，甚至指示我们的四肢，我们的胳膊、腿、眼睛和耳朵，甚至指示着我们脸正中间的鼻子。

总而言之，经过一段时间，我们就会通过经验了解到，幸福和愉悦是一种海市蜃楼——远远可见，而我们一旦接近，它们就会消失。而另一方面，苦难和痛苦才是现实，它们的存在无须任何中介，就其效果而言，也无须任何幻象或带着虚假希望的游戏。

如果从经验中得到的教训在我们身上应验，我们很快就会

1　《作为意志和表象的世界》，第2卷，第16章。

2　席勒（Friedrich von Schiller，1759—1805），德国诗人、哲学家、历史学家，德国启蒙文学的代表人物之一。*

放弃对愉悦和幸福的追求，而更多地思考如何让自己免受痛苦和苦难的袭击。我们深知，这世界所能给我的最好东西，就是从痛苦中解脱，那是一种安静的、可忍受的生活。我们的要求仅限于此，这才是我们最想实现的希望。因为确保自己不会很痛苦，最安全的方法就是不要对自己的快乐抱有过高期望。歌德青年时代的朋友默克（Merck）已经意识到了这一事实。他写道：

> 可怜的人们奢求幸福，并且希望这种幸福和自己的欲望一致，这将会败坏世间的一切。如果他能够放弃这一奢求，安于现状，就能取得进步。[1]

因此，我们可以对愉悦、财富、地位、荣誉等相关期望进行适当的限制。因为正是这样为了快乐，为了让世界瞩目，为了过上满是愉悦的生活而努力和奋斗，才会招致巨大的不幸。要我说，一个人把要求降低是十分审慎和明智的，当然，仅仅这样做很容易陷入极度的不快乐。然而，极度快乐已经不能说很难实现，而是根本不可能实现。拥有人生智慧的诗人，带着正义高歌：

> 中庸之道固然最好，
> 既从简陋居所的肮脏中解脱出来，

---

[1]　与默克的通信。

又不会成为受嫉妒的标的。

众矢之的是高大的松树，被狂风无情地摇晃；

是最高的山峰，受到狂风暴雨的摧残；

是高耸的塔楼，倒塌得七零八落。[1]

那些将我的哲学训导放在心上的人，他们会因此懂得，我们本不该存在，因此将其否认和放弃，便是最高的智慧。如此一来，他们便不会对生活中的任何事情或任何条件抱有太高的期望。他们不会对世间任何事情付出激情，假如一项事业失败，也不会过分悲哀。他们会感受到柏拉图口中的深刻真理：

人类一切的事务中，没有任何一件值得过分焦虑。[2]

或者，正如一位波斯诗人所说：

虽然世间的一切都会逃离你的掌握，

但不要为之悲伤，因为它们毫无价值；

虽然你拥有了整个世界，

但不要为之欢喜，因为世间万物都毫无价值。

既然所谓美好的世界只是由你匆匆而过，

1　贺拉斯，《歌集》。
2　《理想国》。

那就快一些吧，没有什么值得停留。[1]

我已经提到过，阻碍我们获取这些有益见地的主要障碍，是这个世界的虚伪，这种虚伪应该及早向年轻人揭示。世间大部分的荣耀都只是外表光鲜，仿佛舞台上的布景——一切都不是真实的。船上挂满旗帜、礼炮轰鸣、彩灯闪烁、鼓号齐鸣、鼓掌呐喊，这些都是快乐的外在标志，都是伪装与暗示，这是一种欢愉的象形文字——但在那里通常是找寻不到欢愉的。

欢愉是唯一一位拒绝出席盛会的客人。而在真正可能发现这位客人的地方，他又往往会不请自来。他从不提前告知，只是自己不客气地悄悄溜进来。他经常在最不紧要、最琐碎的情况下出现，在最日常的陪伴中出现。但总而言之，他不会出现在最光辉灿烂、最高雅卓越的社交中。

欢愉就像澳大利亚矿藏中的黄金，只能时不时被发现，其出现仅仅是无常的偶然，不存在任何规则或规律，其最常见的形式是寥寥几粒，极少成堆出现。我所描述的一切光鲜外表，都只是试图让人们相信这场盛会里存在真正的欢愉。而给观众留下这样的假象，就是这光鲜外表的全部真实目的。

而哀悼也是一样。那漫长的葬礼仪式进行得如此缓慢，看起来如此忧郁！马车的队伍望不到尽头！但是看看那些马车，全都是空的。护送死者进入坟墓的人，仅仅是全镇的马车夫。

1　引自波斯寓言故事集《卡诺普斯之光》（*Anvár-i Suhailí*），在西方以《比德派寓言》之名为人们所熟知。*

这就是世间友谊和尊重的真实写照！这就是人类的虚假、空洞与伪善！

再举一个例子：一屋子的客人穿戴整齐，受到隆重的款待。你基本上可以认为这是一群高尚而杰出的同伴，但事实上，真正的客人是强迫、痛苦和厌倦。因为大宴宾客的地方，往往都充斥着乌合之众，即使他们个个穿金戴银。真正良好的社交，无一例外都是小而精的。

在辉煌的节日和喧闹的娱乐中，总有一种空虚感正暗自汹涌。那里存在着一种虚假的基调：这样的聚会，与我们的悲惨和贫瘠形成了奇怪的对比。这种对比使真实的情况变得愈加明显。尽管如此，这些聚会从外表看起来是令人印象深刻的——而这正是人们的目的。尚福尔[1]对这种社交作了极佳的评论：

> 社交圈、沙龙，以及我们所谓的世界就像一出悲惨的戏剧，或者说一部糟糕的歌剧，本身让人提不起任何兴趣，靠机器、服装与布景勉强支撑。

学术界与哲学教席也是如此。你挂着一块牌子表明这里是智慧的栖息所，智慧却是一位拒绝邀请的客人，她会出现在别的地方。钟声、教会式女帽、虔诚的态度、疯狂的举止，这些

1　尚福尔（Nicholas Chamfort，1741—1794），法国作家，以涉猎广泛、口才出众、擅长讽刺闻名，留下了许多精彩的警句，很多都曾被叔本华引用。*

都是伪装，是虔诚的虚假表现。例子不胜枚举。世上的一切都像一枚中空的坚果，其中的内核极少，即使确实存在，也很难在壳中找到它。你尽可以到别处去找，但通常情况下，也只能碰巧遇到。

2

要评估一个人的幸福状况，有必要问一问的不是何事让他幸福，而是何事令他困扰。而这些事情本身越是微不足道，这个人就会越幸福。一个人若为琐事烦恼，那他一定是富足的；因为在不幸中，人对琐事是无感的。

3

我们须注意，**不要把生活中的幸福建立在一个过于宽泛的基础上，不要为了快乐而索求很多的东西。**因为在这样的基础上产生的幸福，是最容易受到破坏的。它为意外提供了更多的机会，而且意外又总是会发生。幸福的建立在这方面遵循着一个计划，与其他情况下人们采取的计划正好相反，因为一般而言，基础越宽越感到安全。因此，相比你所拥有的，要将自己的无论何种需求，都降低到尽可能的最低标准上。这是避免极端不幸的最可靠方法。

为生活做好广泛的准备是最巨大也最常见的蠢事之一，无论采用的是何种形式，这样的准备首先以长寿为前提，即人们要活到对人类而言的完整年限才行，而能活得那么久的人可谓少之又少！即使活到了，对于人们已经制订好的一切计划来说，生命仍然太短了。因为执行这些计划所需的时间，比一开始计划的时间更长。而路上又有多少灾难与阻碍！在人类历史上，完成这一目标的例子简直是凤毛麟角！

而最后，即便我们能够达到这一目标，而时间在我们身上起作用而带来的变数，却被我们排除在了考虑之外。我们忘记了，无论是实现成就还是享受成就的能力，都不会持续一生。因此，我们常为那些一旦得到就不再适合我们的东西辛勤劳作。我们花在准备某些工作上的年头，再一次不知不觉间剥夺了我们实现它的能力。

一个人经历了如此多的麻烦和风险，却无法享受从中获得的财富，而要将劳动成果拱手相让给后人，或者他经历多年的辛劳和挣扎后赢得的地位，到头来却没能得到填补，这种情况是多么常见啊！

对他而言，幸运来得太晚了；又或者相反，他太晚才获得了幸运。比如，当他想在艺术或文学方面取得伟大成就时，大众的品位可能已经改变。这可能是由于新一代已经长大，对他的作品不再感兴趣，也可能是由于其他人走了一条捷径，抢在了他的前面。这几乎都是贺拉斯眼中的生活事实，他哀叹所有的忠告都无济于事：

> 为何要为洞察永恒之谜，
> 而折磨你可怜的灵魂？[1]

1　《歌集》。

这种最常见的愚蠢行为，其原因是每个艰难营生的人脑海中都有这样一种错觉，即生命伊始时看上去十分漫长，而在生命行将结束时，当一个人回顾生命历程，才发现它是何其短暂！但错觉也并非一无是处，要不是有它，任何伟大的工作都无法完成。

我们的生活就像一段旅程，随着我们往前走，风景已然和最初不同，随着我们走近，风景又会发生变化。这些风景便是发生过的万事，尤其是我们的心想之事。我们常常发现别的东西，即那些比我们苦苦追寻之物还要好的东西。我们常常走在一条与最初徒劳寻找的道路截然不同的路上，并找到了那些别的东西。我们并未像预期那样找到愉快、幸福和欢愉，却获得了经验、洞见和知识，那是一种真实而永恒的福气，而不再是转瞬即逝且虚幻的。

这就是贯穿《威廉·迈斯特》一书的思想，就像一段音乐中的低音贝司。在歌德的这部作品中，我们看到了一部智慧型的小说，它优于其他一切小说，甚至优于沃尔特·斯科特[1]爵士的作品。因为斯科特爵士的作品可以说都是美德型的，换句话说，它们只是从意志的一面来对待人性。

同样，在《魔笛》这部怪诞但仍然意义重大，甚至晦涩难懂的作品中，也象征了同样的思想，而其宏大而粗糙的线条，很大程度上是一种描绘风景的方式。如果塔米诺想占有帕米娜的

1　沃尔特·斯科特（Walter Scott，1771—1832），英国小说家、诗人，生于苏格兰，以其历史小说作品享誉欧洲。*

欲望最终得到矫治，并代替她接受了启示，进入智慧神殿中的神秘世界，那么此处的象征就是完整的。而与其形成必要反差的巴巴格诺，成功地赢得了他的巴巴吉娜，也是非常正确的。

人类中的任何可造之材都能很快认识到，自己掌握在命运的手中，并感激涕零地服从于命运的教诲。他们认识到生活的硕果是经验，而非幸福；他们渐渐习惯并乐意用希望换取洞见。最后，他们可以和彼特拉克[1]一起说，自己唯一关心的就是学习：

> 除了学习，我感受不到任何其他的幸福。

甚至在某种程度上，他们仍然遵循着自己旧有的愿望和目标，只是表面上装作毫不在意。一直以来，他们确实都在认真地寻求指导，心无旁骛。这一过程让他们才智过人、沉静安详并且卓越超群。

在寻找黄金的过程中，炼金术士也找到了其他的东西，诸如火药、瓷器、药物以及自然规律。在某种意义上，人人都是炼金术士。

---

[1] 彼特拉克（Francesco Petrarca，1304—1374），意大利学者、诗人，文艺复兴时期最早的人文主义者，被誉为"文艺复兴之父"，以其十四行诗闻名于世。*

第二章　我们与自身的关系

4

受雇建造房屋的泥瓦匠可能对房子的总体设计一无所知；至少，他不会时刻将其放在心上。人类也是如此：在度过生命中的一天又一天的时候，他几乎不会考虑作为一个整体的生命的特性。

如果一个人的事业具有任何的价值或重要性，如果他为了任何特殊的工作而精心展示自己，那他就更有必要不时对自己的计划多加注意。这也是更明智的做法，即注意工作大体框架中的细微结构。

当然，要做到这一点，他必须运用"认识你自己"这句格言，必须在理解自己这门艺术方面取得一点小进展。他必须了解生命中真正、主要且重要的目标是什么，即为了获得快乐，他最想要什么；接着，在他的思想中占据第二位和第三位的又分别是什么。

总而言之，他必须找出自己真正的使命，即他必须扮演的角色以及他与世界的总体关系。如果他用宏大的笔触为自己勾勒出了重要的工作，那么瞥一眼生命中的缩略蓝图，比其他任何事情都更能激励他、唤醒他、升华他，促使他行动起来，避免他走上歧途。

再比如，当旅行者抵达山峰的某个高度，对他所走过的道路有了连贯的视野，便能看到其中包括许多蜿蜒曲折。因此，只有走完了生命中的一段时光，乃至干脆接近生命的尽头，我们才能重新认识到一切行为之间的真正联系，认识到我们收获了什么，又做了哪些工作。只有到那时，我们才能确切看到事情的因果，以及我们一切努力的价值。

只要我们积极地为生活而努力，我们总体上就是在能动性的影响下，在自己的能力范围内按照自己的天性行事。总而言之，我们自始至终都遵循着必然性的法则；我们每时每刻都只是在做自认为正确和适当的事情。只有在事后，当我们回首整个人生历程及其总体结果时，才能看到过程与原委。

当我们真正投身伟大事业，或创造不朽作品时，并不会意识到这一点。我们只会想到满足当下的目标，实现当时碰巧心怀的意图，在那一刻做正确的事情。只有当我们把生活看作一个相互联系的整体时，我们的性格和能力才能真正地展现出来。尤其是在某些特定的时刻，我们才能看到那些快乐的灵感是如何引导我们，在上千条可能的穷途末路中，选择那条唯一的正途的。我们的智慧引导着自己，这种力量不仅出现在需要知识的事物中，而且出现在万事万物中。不过，在邪恶和灾难面前，我们的缺陷也以同样的方式引导着自己。

5

明智生活态度的另一个重要因素，就是按照适当的比例保持我们对当下和未来的思考，以免因为过度关注其一而破坏其二。许多在我看来轻浮的人，太过沉迷于当下；而另一些人又太纠结于未来，因此总是焦虑不安，谨小慎微。人很难在两种极端之间保持恰当的平衡。

那些不懈努力、充满希望、只活在未来的人只会向前看，焦躁不安地期待着即将到来的事情，愿望实现便让他们感到无尽快乐。尽管他们表面装腔作势，却还是与我们在意大利看到的驴子十分相似：人们可以通过在它们头上固定一根棍子，在棍子顶部吊一捆干草来控制他们的步伐；干草永远悬在它们面前，它们永远为之追逐。这样的人，其整个生命都处于一种持续的幻觉状态，他们的生命永远处在过渡阶段，直到最终死去。

因此，当我们总是顾虑自己的计划，焦虑地展望未来，或者频频为过去感到遗憾时，我们永远不该忘记当下才是唯一的现实、唯一的确定性。未来似乎总是与我们的预期相反，过去也常常事与愿违。但总体而言，过去和未来的后果都没有我们想象得那么重要。正是距离，让明明微乎其微的事物在我们内心却过分重要。只有当下才是真实的与现实的，当下才是唯一拥有完整现实性的时刻，我们的生命完全在于当下。

因此，我们应该永远为之高兴，给予其应有的欢迎，享受没有痛苦和烦恼、可堪忍受的每一个小时，并且充分意识到其价值。但如果我们因过去的希望未曾实现，或因未来将至的焦虑而愁眉不展，我们便很难享受当下。而抗拒当下的幸福时刻是十分愚蠢的，肆无忌惮地通过对过去的懊恼或对将至之事的不安来破坏它，则更是荒谬。当然，我们应该留一段时间来审慎考虑乃至忏悔；但是当这段时间用尽，我们就该对过去之事挥手告别，应该这样想：

> 已经发生的事情，就让它成为过去；
> 不管多么痛苦，我必须心平气和。[1]

将未来之事交给神明吧，因为它们超出了我们的掌控范围——

> 它们在诸神的怀抱之中。[2]

而关于当下，我们只须铭记塞涅卡的建议："将每一天都当作我们的一生来看待。"让我们尽可能愉快地度过每一天，因为这是我们唯一的真实时刻。

只有那些会在某一天势必到来的坏事，才有打扰我们的权利，而符合这一点的不幸少之又少。因为坏事分两种：要么是可能到来的，这种概率较大；要么是不可避免的。即使在一定会发生坏事的情况下，它们发生的时间也是不确定的。人如果总是要为这两类坏事做准备，就根本得不到片刻安宁。因此，要是我们不想因为对坏事的恐惧而失去生活中的一切慰藉，就

1　《伊利亚特》。

2　《伊利亚特》。

要明白其中一些坏事本身带有不确定性；而剩余的那些将要发生之事，我们应该进一步将它们分为永远不会发生的一类，以及不太可能马上发生的另一类。

如此一来，我们内心的平静被恐惧干扰得越少，就越有可能受到欲望和期待的搅动。这便是歌德那首脍炙人口的诗歌《我将一切建立在虚无之上》的真正含义。只有当一个人摆脱了一切的自命不凡，仅仅在朴实无华的生命中寻得庇佑，才能获得内心的平静，而这便是人类幸福的基础。心如止水吧！对一切当下的享受而言，这都是必不可少的。你若不去享受生命的每个片段，整个生命中的幸福就会消逝。

我们应该永远记住：**今日只有一次，从此不会复返**。我们以为明天是今日的重复，但明天只是新的一天，且同样无法重来。我们很容易忘记这一点：每一天都是生命中不可或缺的，是不可替代的一部分。我们要将生命看作一个集体的概念或名称，即使其中的个体被摧毁，它也不会受到伤害。

在我们正值健康强壮的日子里，更有可能去感激与享受当下。我们不应该忘记，当我们处在疾病和悲伤中的时候，记忆中那没有痛苦的、匮乏的过去，每一个小时似乎都如此令人羡慕，那仿佛失落的天堂，或一些已经离开的老朋友。但当我们处于幸福时光里，便不会注意到它们；只有不幸降临时，我们才会希望它们回来。

无数放浪形骸的愉悦时光，都浪费在恶劣的情绪中；我们任其溜走而不去享受，仅仅在乌云密布的氛围中徒然叹息。那些我们可以忍受的当下，尽管它们空前平凡而陈腐，我们却无

动于衷地令它们流逝，甚至不耐烦地将它们推开，可这些明明
是值得我们尊重的时刻。永远不要忘记，退潮如何催促这些时
光成为过去，记忆让它们尘封而变形，只是闪耀着不朽的光芒。
而最重要的是，过了些时日，当我们的日子充满不幸时，揭开
这些时光的面纱，它们就成了令我们深感遗憾的对象。

6

局限往往能造就幸福。我们的幸福是有其比例的，因为我
们的视野、我们的工作领域、我们与世界的接触点，都是受到
限制、有其界限的。若是这些局限太宽，我们便更有可能感到
担忧和焦虑，因为这意味着我们的顾虑、欲望和恐惧会增加而
且变本加厉。这就是为什么盲人的不快乐并不如我们假设的那
么强，否则，他们的脸上就不会有那种温和而近乎澄澈的平静
表情。

局限能带来幸福的另一个原因在于，事实证明，后半生比
前半生更加沉闷。随着岁月的流逝，我们对于目标的视野，以
及我们与世界的接触点都变得越来越广泛。蹒跚学步时，我们
的视野局限于周遭最狭窄的领域；青春年少时，我们的视野已
经有了相当大的扩展；正值壮年时，视野囊括了我们全部的
活动范围，往往会延伸到一个非常遥远的领域，例如对一个国
家或一个民族的关怀；垂垂老矣时，视野要荫庇我们的子孙
后代。

即使在需要智力的事务中，如果我们想要幸福，一定的局
限也是必要的。因为意志越是未被激发，我们遭受的痛苦就越

少。但我们已经明白，痛苦是一种积极的东西，而幸福却只是一种消极的状态。限制外在活动的范围，就是针对外部刺激意志力的释放；而限制我们智力努力的范围，就是针对内部兴奋源意志力的释放。

而后一种局限的缺点在于，它为无聊敞开了大门，而**无聊正是无尽痛苦的直接来源**。毕竟，为了打发无聊，人们可能会诉诸一切便捷的手段，比如消遣、社交、铺张、赌博和饮酒等，这一切反过来又给他们的生活带来伤害、毁灭与苦难。

"有闲者，难安宁"——假如你无事可做，反而难抑浮躁。这种对外在活动领域的限制是有益的，甚至对人类幸福而言是必要的。就其本身而言，我们可以通过田园诗来印证这一事实。田园诗是唯一一种能描述诗人幸福状态的诗歌体裁，其表现方式总是极其简单，诗人所处的环境往往局限颇多。也正是这种感觉，成了我们在所谓的"风俗画"中获得愉悦的基石。

因此，只要我们的生活方式达到"大道至简"的境界，只要这不意味着令我们百无聊赖，就会为我们带来幸福。因为在这样的情况下，对于生活及随之而来的那必不可少的负担，我们产生的感知最为微小。我们的生命将像平静流淌的溪流，波澜不兴，宠辱不惊。

7

我们的处境到底是愉悦还是痛苦，最终取决于那些令我们的意识沉湎其中无法自拔的事情。在纯粹的智力任务方面，只要大脑有能力胜任这件事，将其完成往往要比实际生活中的任何事更令人感到幸福，而这种幸福源于成败的不断交替，惊喜与挫败的不断涌现。但我们不得不承认，卓越的智力对于这一类事业是必不可少的。

在此我们注意到，正如致力于外在活动会分散和转移一个人学习的专注力，这也会剥夺这一类事业所要求的必要专注力。所以换言之，长时间地思考会使人对现实生活的喧嚣多少有些难以适应。因此，当环境中发生某些需要投入一定精力的实际操作性事务时，明智的做法便是将脑力活动暂停一段时间。

8

要过上一种完全谨言慎行的生活，并从经验中将所有的启示汲取完毕，就必须不断地反思，通过反思来概括我们所做的事情，概括我们的观感与感受，并将我们从前和当下对事物的评判放在一起比较，对比我们从前设定的目标，通过自身努力所获得的实际结果和满意程度是否一致。要做到这一点，就需要反复温习从体验中得来的教训——每个人都会得到这些教训。

我们对世界的体验可以被看作一种文本，我们的反思和知识形成了对文本的评注，其中包含大量的反思以及智力知识。如果体验太少，结果便仿佛那些每页只有两行文字，却有40行注释的书一样；如果体验太多，而反思极少、知识贫瘠，那便仿佛类似"双桥版"的典籍[1]，内容晦涩难懂，却一条注释也没有。

这里给出的建议，可以与毕达哥拉斯提出的一条准则相类比：每天晚上睡觉前，回顾一下我们白天做了什么。若是随心所欲地生活在繁忙的工作和娱乐中，从不进行反省，如此持续下去，仿佛把棉花从生活的纺锤上拉下，根本不清楚自己在做些什么。一个生活在这种状态下的人，他的感情和思维都将是一团乱麻。很快，他谈吐间的唐突和支离破碎都会显现出来，仿佛一团搅碎的肉。若是一个人在世间焦躁不安地生活，与形形色色的路人相交，头脑中的思维活动却很贫瘠，那么他堕入这种宿命的概率就比较大。

有鉴于此，我们可以观察到，当影响着我们的事件与环境随着时间的推移而消逝时，我们无法唤回或重燃它们在我们心中所唤起的特定心境或情感状态。但我们可以记住的是自己受其引导而出现的所言和所为，如此便形成了这些事件的后果、表达与分寸。因此，在生命中的重要时刻，我们应该小心翼翼地将有关想法的记忆保存下来，而这便是写日记的巨大裨益。

9

做到自给自足，完全的自给自足因而无欲无求，也可以说是"我独自承担全部自我"，这无疑是幸福的首要条件。因此，

---

1   1779 年前后在德国出版的一系列希腊文、拉丁文和法文经典著作。*

亚里士多德所言"幸福意味着自给自足"才能流传千古。[1] 从根本上讲，这与尚福尔那句婉转优美的句子所表达的思想别无二致：

> 幸福不是一件易事：在我们自己身上很难找到，在别处也同样如此。

因为一个人除了自己之外，无法完全指望任何人，而与他人打交道所产生的负担与损害、危险和烦恼，不仅数不胜数，而且令人在劫难逃。

通往幸福的错误道路莫过于世俗、狂欢和追逐高品质的生活：因为其全部目的就是将我们悲惨的生活转化为一连串的欢愉、轻快和愉悦，但这一过程势必导致失望和错觉的产生；同样，这一切还伴随着往复交织的谎言。[2]

任何社会都必然包含一个首要条件，即其中成员相互包容和克制。这意味着社会越庞大，其基调就越是死气沉沉。一个人只有在独处的时候才能做自己，如果他不爱孤独，也就不会爱自由；因为**只有独处的时候，才是真正的自由**。社会中总会存在束缚，仿佛无法摆脱的伙伴；一个人有多伟大，他就有多

1　《优台谟伦理学》。

2　由于我们的身体被我们穿的衣服遮盖着，我们的心灵被面罩掩藏。面罩总是在那里，只有通过它我们才能偶尔去猜测一个人真正在想什么；就像通过一个人所穿的衣服，我们可以大致推测出他的身材一样。

难以忍受与他人交往所要做出的牺牲。面对孤独，一个人是欢迎、忍受还是回避，取决于他个人价值的大小——当他独处时那种悲惨的感觉，其痛苦的沉重负担，为绝顶智慧之伟大而产生的欢快。简而言之，每个人都应该只做自己。

此外，如果自然给一个人排定的品阶越高，他便会自然而然不可避免地体会到"高处不胜寒"。如果他周围的环境不对这种体会做出干预，对他而言自然是一种优势。因为如果他不得不看到大量与自己性格迥异的人，这些人就会对他施加恼人的影响，令他的内心无法平静。他们事实上会对他大肆劫掠，而不做出任何损失的补偿。

然而，尽管大自然在人与人的道德和智力方面都设定了非常广泛的差异，社会却将这些差异忽视与淡化了。或者更确切地说，社会建立了人为的差异进行替代，那便是等级和地位的分层，这种分层往往与自然所建立的层级截然相反。这种安排的结果便是抬举那些被自然置于低处的人，而压抑少数站在高处的人。如此一来，后者往往会从社会上隐退，因为社会上一旦成员众多，就会庸人当政。

伟大的心灵会被社会冒犯，因为社会宣扬权利平等，而这导致了一种每个人都乐在其中的虚伪平等。同时，能力的不平等意味着社会权利相应的不平等。所谓的"好社会"承认除智慧之外的任何一种主张，而智慧则成了违禁品。人类社会期待人们对每种形式的愚昧和无知、任性和愚钝抱有无限的耐心，而哪个人要是展现了自己的优势，就必须请求社会的谅解，否则就要将自己的优点深藏。智力优势的存在本身就成了一种冒犯，于是人们避之犹恐不及。

所谓"好社会"的最糟糕之处，不仅在于它为我们提供的同伴既不令我们赞美，亦不令人爱戴，还在于它不许我们遵从天性而生活，迫使我们为了和谐而形容枯槁，甚至完全颠覆自己的形象。智者间的谈话无论严肃还是幽默，都只适合有智阶层的社交。这对普通人而言简直是彻头彻尾的格格不入，为了取悦他人，平庸和愚钝是必要的品质。这需要一种严重的自我否定的行为，为了与其他人一样，我们必须放弃大部分的自我。

毫无疑问，这些人的陪伴或许能抵销我们在这方面的损失。但一个人越有价值，他就越会发现这样做是得不偿失的，自己永远是讨不回债务的债权方，因为与他打交道的人往往在这方面失无所失。也就是说，这些人所处的社会阶层的无趣、可厌和戾气根本无法填平，他们或许还认为自我否定是必要的。因此，大多数社会都是如此构成的，若是谁愿意拿孤独出来交换，那他是有利可图的。

这并不是全部。社会还会给出一种真正（我指的是智力上的）优势的替代品，真正的优势可遇而不可求，一旦被发现简直令人忍无可忍。于是，社会率性地认可了一种虚假的优越，其特征很符合惯例，并且建立在断章取义的原则之上。这是一种传统，可以说是从更高层的圈子里流传下来的，仿佛一张可以变更的通行证——我指的是优雅、得体。每当这种优势与真正的优势发生冲突，其弱点就会显露无遗。不仅如此，优雅的存在无外乎意味着正确判断力的缺位。

人除了自己以外，不会与任何人完全相同，甚至至亲好友和人生伴侣也是如此。个性和气质的不同，总会带来某种程度的不和谐，尽管这种不和谐可能是微乎其微的。只有将孤独作为一种永久的心境，令自己全身而退的时候，才能获得那种真正的、深沉的宁静心境，那是一种心灵上的完全宁静，是这世界所能赐予的仅次于健康的最高福祉。倘若一个人自己就拥有伟大而丰富的品质，那么其生活方式之幸福，就是这个悲惨的世界中绝无仅有的一种。

　　我要坦率地说出这一点。无论友谊、爱情、婚姻的纽带有多么紧密，一个人到头来只会关注自己，只会关注自己的福祉，最多还有自己的孩子。通常而言，无论是商业关系还是个人亲密关系，你的人际接触必要性越低，处境就会越好。寂寞和孤独各有其害，这没有错；但若是你不能第一时间完全感受到它们，你至少可以看到它们置身何处。

　　而另外一方面，社会却是暗中为害的；当它为你提供看似令人愉悦的社交娱乐时，这便是一种令你十分受用却无法挽回的恶作剧。年轻人应该及早接受训练，及早学会忍受孤独，因为这是幸福与心灵安宁的源泉所在。

　　由此可以得出这样的结论：若一个人能全凭自己的力量自给自足，这便是最好的状态。西塞罗甚至断言：

　　　在这世界上，最有能力的便是完全依靠自己的那个人，处于这种状态的人一定会非常幸福。[1]

一个人从自己身上汲取越多，需要他人的帮助便越少。自给自足的感觉多妙！正是这种感觉，保护了自己本身就是巨大财富的人，让他们不必因世俗社交的要求而做出如此巨大的牺牲，更不用说不顾一切地去寻求自我否定的方法了。庸人善于交际，只不过是出于与此相反的感受；对他们来说，忍受与他人相伴要比忍耐独处更容易。此外，在这个世界上，尊重从不会给予真正有价值的东西，而总是留给那些一无是处的东西。

因此，离群索居是一个人拥有卓越品质的证明，也是其拥有卓越品质的结果。对于任何能在自己身上找到价值的人而言，限制自己的需求以保存或扩展自由或许是必要的，因为这将展现出真正的智慧。另外，即使一个人必须要和自己的同胞建立某种关系，也应尽可能地减少与他们的交集。

我曾说过，人们之所以变得合群，是因为他们无法忍受孤独，无法在孤独中忍受自己。他们变得厌恶自己，正是这种灵魂的空虚驱使他们与人交往，驱使他们去国外旅行。他们的思维不够灵活，头脑无法独立活动，因此他们会试着给头脑一些刺激，比如饮酒。有多少买醉都是因为孤独啊！

这些人总是在寻找某种形式的兴奋，他们想找到自己所能忍受的最强烈亢奋感，而这来自于与自己天性相似的人共处。如果做不到这一点，他们的头脑就会陷入低沉，自己也会因痛

1　《斯多葛学派的悖论》。

苦而无精打采。[1] 可以说，这样的人仅仅拥有人性的一个分数，因此需要众多同类聚在一起以弥补人性的总量，从而获得生而为人的相当程度的意识。严格来说，一个人，一个优秀的人并不代表某个分数，而代表一个整数——他拥有完整的自我。

在这方面，一般的社会非常像一支由俄罗斯号角组成的管弦乐队所演奏的音乐。每支号角只有一个音符，而音乐便是因每个音符出现得恰到好处而产生的。在单支号角的单一音符中，你便对多数人大脑的效用有了明确的阐释。你常常发现里面似乎只有一个想法！再也不剩其他的空间了。你很容易看出人们为何如此无聊，他们为何热衷于社交，穿梭于人群之间，人类为什么如此合群。正是自身本性的单调，让一个人发现自己根本无法忍受孤独。愚蠢的确是其自身的负担。将很多人聚集在一起，你或许能看到一些效果——你的号角能演奏出音乐了！

1　一个众所周知的事实是：一件坏事如果不仅降临在我们头上，也降临在很多人头上，那么它就容易忍受得多了。由于无聊似乎是这样一件坏事，人们便团结起来共同抵制它。对生命的热爱归根结底只是对死亡的恐惧，同样，社交冲动并不直接依赖对社会的热爱，而是基于对孤独的恐惧。人们追求的不只是与他人相伴，他们想要逃避的是孤独带来的沉闷无聊——本质是他们自己意识的单调。他们愿意做任何事来逃避它，甚至容忍糟糕的伙伴，忍受所有社会都难以避免的压迫感——在这种情况下，这是一种非常沉重的压迫感。但是，如果对这样的社会的厌恶战胜了对孤独的厌恶，他们就会习惯于孤独，并对其直接影响产生坚韧的忍耐力。他们不再觉得孤独是一件非常糟糕的事情，而是安逸地安顿下来，不再渴望任何社会交往。这部分是因为他们只是间接地需要别人的陪伴，部分是因为他们已经习惯了独处的好处。

智者就像一位艺术家，无须任何其他人帮助就能举办音乐会，只需一件单独的乐器就能演奏，比如钢琴，其本身就是一支小型交响乐队。这样的智者本身也是一个小小的世界，他通过自己意识的统一，单枪匹马就能产生各种乐器共同演奏的效果。同钢琴一样，智者在交响乐中没有立足之地：他是一位独奏家，或许孤独，却总是独自演奏；正如钢琴即使是和其他乐器配合，也只作为主音，或者在演唱中为歌者定调。

　　然而，那些喜欢不时进行社交的人，或许能从这样的比喻中获益，并将其当作一条普世原则，即我们遇到的人若是资质不足，在某种程度上可以通过增添数量来补偿。智者的社交往往不易匮乏，但如果周围交往的都是庸人，其数量自然应该多一些，通过让他们一起工作，就能积攒一些好处。这与俄罗斯号角的道理一样。愿上天赐予你足够的耐心来完成这一切！

　　我刚刚提到的那种精神的空虚和灵魂的贫瘠，是另一种不幸的罪魁祸首。当上流阶级的人为了推进某种高尚或理想的目标而构成一个社会，其结果几乎总是引得无数乌合之众蜂拥而至，像害虫一样四处猖獗。他们的目的只是试图摆脱无聊，或是本性中的一些其他缺陷。看到任何对此有点效果的东西，他们都会立刻抓住，完全饥不择食。他们中的一些人会偷偷溜进那个社会，或者自己挤进去，接着要么很快将它完全摧毁，要么把它搅得天翻地覆，最终让这个社会的目标与初衷背道而驰。

　　这并非有关社会冲动的唯一观点。在寒冷的日子里，人们通过挤在一起来获得些许温暖。同样地，你也可以通过与他人接触的方式来温暖自己的心灵。但若是一个人能在自己身上汲取大量智慧的温暖，他便不需要这样的资源。我写过一个小寓言故事来阐释这一点，你或许在其他地方看过。[1]

这则寓言是关于几只豪猪的。它们在寒冷的日子里挤在一起取暖，一旦它们身上的尖刺开始伤害彼此时，就不得不散开。然而同样的情况再次出现，寒冷又让它们挤到了一起。最后，经过多次扎堆又散开，它们最终发现只有彼此之间保持一小段距离，才能产生最好不过的结果。

同样，社交的需要驱使人类如豪猪般聚在一起，却因彼此天性中咄咄逼人与令人讨厌的品质所驱使，从而相互排斥。他们最终也发现，适度的距离是唯一能够忍受的交往环境，这才是保持礼貌和良好礼仪的法典。而那些超越了界限的人，会遭到一些英文短句的粗鲁抨击，被告知要保持距离。通过这种安排，人们相互之间对温暖的需求只能够得到适度地满足，但如此一来人们就不会被彼此刺伤。而自己能够供给热量的人更喜欢待在团体外面，那样他就既不会刺伤别人，也不会被他人所伤。

通常而言，一个人的社交能力可以说与他的内在价值几乎成反比：说"某某"非常不善于交际，几乎等于说他是个很有能力的人。

对这样的人而言，独处拥有双重的裨益。首先，独处让他得以与自己相处；其次，独处阻止他与别人相处——这一优势关乎一个伟大的时刻，因为在一切与世界的交往中，约束、烦

1　此处作者引用的故事取自《附录和补遗》第 2 卷。*

恼甚至危险都数不胜数。拉布吕耶尔[1]说：

> 我们一切的不幸，都源于不够孤独。

　　善于社交确实是一件非常危险的事情，甚至可以说是一件致命的事情。因为它意味着与天性的接触，其中绝大多数天性是有违道德的，也是愚钝而反智的。不合群就是不去关心这样的人，而拥有富足的自我以免除这些人陪伴的必要性，是一件极好的事情。因为我们几乎一切的痛苦，都来自不得不和他人打交道，这是对心灵平静的破坏。

　　而正如我所说，心灵平静是一切幸福中紧随健康之后的要素。没有足够的孤独感，心灵便不可能获得平静。犬儒主义者为了获得完全不受他人打扰的幸福，放弃了一切私有财产；而为了同样的目的放弃社交，则是一个人最明智的选择。贝纳丹·德·圣比埃[2]有一句非常精辟而中肯的话：

> 精简食物是维持健康的手段；而精简社交，则是维持安宁的手段。

1　拉布吕耶尔（Jean de La Bruyere，1645—1696），法国作家、哲学家、伦理学家，代表作有《品格论》等。*

2　贝纳丹·德·圣比埃（Bernardin de Saint Pierre，1737—1814），法国作家、植物学家，代表作有小说《保尔和薇吉妮》等。*

能迅速与孤独建立起友好甚至亲密的关系，就如同赢得了一座金矿。但这并不是每个人都能做到。社会交往的主要原因是彼此的需要，一旦这种需要得到满足，无聊也会促使人们再聚在一起。若不是这两个原因，一个人很可能会选择独处。因为只有在孤独中，环境才适合个人特有的重要性与独特性！但这种感觉在现实生活的拥挤和压力中，很快就会化为乌有，你每走一步，都会产生一种痛苦的被否定感。这样看来，孤独可以说是人类原始而自然的状态。他站在那里，仿佛另一个亚当，释放天性，极尽快乐。

可是，难道亚当就没有父亲或母亲吗？换言之，孤独并非自然状态，因为当一个人降生到这个世界上时，他会发现自己有父母和兄弟姐妹，也就是说他处于社会中而不是孤身一人。因此，我们不能说对孤独的热爱是人性的原始特征，而是人们的经验和反思的结果。而这一切反过来又依赖智力的发展，并且随着年龄的增长而增加。

通常来说，社交能力是与年龄成反比的。小孩子只要单独待上几分钟，就要可怜兮兮地惊恐哭叫；长大一点，幼童被关起来本身就是一种严重的惩罚。年轻人很快就能和他人打得火热，只有少数几个头脑超群的人不时会喜欢独处，但是根本无法如此度过一整天。成年人则可以很容易地做到这一点，孤独对他来说不算什么，随着年龄的增长，这种困扰只会越来越少。要是一位老人活得比自己的朋友都长，他对生活中的愉悦要么冷漠，要么麻木，他的孤独也就因此而理所当然了。在个人层面，隐退和避世的特别倾向往往直接与智力成正比。

正如我曾说过的，这种倾向并非纯粹天性使然，其存在并非作为人类天性的需要。这种倾向受到我们阅历的影响，这是我们对自身的需要进行反思的产物。尤其是，我们洞察到大多数人的构造都十分可悲——无论是从道德还是智力角度来看。而最糟糕的是在个人层面，道德和智力上的缺陷往往紧密相连，相辅相成，从而令人尝到各种不尽如人意的后果。这也使得与大多数人的交往不仅令人心怀怨怼，而且令人无法忍受。

因此，尽管这个世界上有很多彻头彻尾的不幸，其中最糟糕的还是要数社交，甚至连善于交际的法国人伏尔泰也不得不承认：这世上令人不屑与之交谈的人，实在是无处不在。而彼特拉克向往独处的理由也与之异曲同工——孤独令精神如此放松！他对避世的热爱十分强烈，且坚定不移。他说：

> 我一心向往孤独（小溪、田野和森林可以为我
> 作证），
> 为的是躲避那些愚昧蠢人，
> 与之为伍使我无法选择那条通往光明的道路。

他在那本颇受欢迎的著作《论索居》中，也表达了同样的意思，这本书似乎给了齐默尔曼（Zimmerman）写关于孤独的巨著以灵感。而在尚福尔接下来的言论中，他暗示了自己对避世的偏好，其特质是后天且间接的，他的表达颇具讽刺口吻：

> 有时人们会说自己独居并非不爱社交，还借口说

自己只是不愿在邦迪的森林中漫步。

你可以发现，波斯诗人萨迪[1]在他的《蔷薇园》中也表达了类似的情感。他说："从那时起，我们就告别了社交，走上了避世的道路；因为从独处中能够获得安全感。"安格鲁斯·西莱修斯[2]是一位非常有绅士风度的基督教作家，他用自己神话般的语言坦承了同样的感觉。他说：

> 希律王[3]是大家共同的敌人。当上帝同圣约瑟一起警告我们危险来临，我们就从这世界飞到孤独之地，从伯利恒[4]飞到埃及。否则，等待我们的将是苦难和死亡！

布鲁诺[5]同样宣称自己是避世隐居者的好友。他说："所有

1　萨迪（Moshlefoddin Sadi，1208—1291），中世纪波斯诗人，以抒情诗闻名，在波斯文学史上享有崇高地位，代表作有《蔷薇园》等。*

2　安格鲁斯·西莱修斯（Angelus Silesius，1624—1677），17世纪德国的内科医生、牧师、神秘主义诗人。*

3　即希律一世（Herod Agrippa I），公元前1世纪罗马帝国在犹太行省耶路撒冷的代理王。*

4　巴勒斯坦南部城市，意为"面包之家"，因是耶稣的出生地而闻名世界。*

5　布鲁诺（Giordano Bruno，1548—1600），文艺复兴时期意大利思想家、科学家、哲学家，发展了哥白尼的日心说，被宗教裁判所判为"异端"处死。*

的人，只要愿意像在天国一样生活在地上，都对我们发出相同的呼唤：听着！我必逃往远处，孤独索居。"若是尘世间的人想要提前体味神圣生活，他们都会不约而同地宣称：

看呐！我必须逃离，
在荒野中露宿。[1]

在我已引述的那部著作中，萨迪谈到了他自己："我厌倦了那些大马士革的朋友，于是撤退到耶路撒冷的荒漠，寻找乡野中野兽们的社会。"简而言之，普罗米修斯造人时所有被赋予了更优天资的人，都说过同样的话。他们在某些人身上能够找到的与自己之间仅存的共同点，便是自己本性中最卑微、最粗鄙的部分，那么与他们为伍有何愉悦可言？难道能从自己身上最琐碎的部分得到什么乐趣吗？跟那些不可雕的朽木在一起能得到什么呢？对这些人而言，除了把他人拖到和自己同等粗鄙的程度之外，就一无是处了。毕竟，这就是他们的目标所在。在这种避世和孤独倾向的根源之下，是一种贵族的感觉。

无赖们往往善于交际，这可真是可惜！而一个人品格高尚的主要标志，就是他与别人为伍时几乎无法获得愉悦。他会越来越喜欢独处，并且会随着时间的推移逐渐认识到：**这个世界一半是孤独，一半是庸俗**，除了极少例外，根本没有别的选择。这听起来好像很难论证，但即使是身怀基督徒一切温柔和爱的

1　《旧约·圣咏集》。

安格鲁斯·西莱修斯也不得不承认，这说法就是真理。他说：

> 孤独必不可少，只要你不庸俗。
>
> 无论身处何地，都能活在荒漠里。

　　人类真正的导师和伟大的智者自然不会在意他人的陪伴，正如校长不会想要加入周围男孩吵吵嚷嚷的赌博游戏一样。这些伟大智者的使命是引导人类越过谬误的海洋，带他们进入真理的港湾，将人类从野蛮粗俗的黑暗深渊中拉出来，进入文雅与高尚的光芒之中。伟大的智者在这个世界上生活，但并不真正属于这个世界；因此他们从早年起就觉得，自己与其他人之间存在着巨大的差异。但随着岁月的流逝，他们才能逐渐对自己的地位产生清晰的认识。接着，他们出众的智慧又因其实际生活中的避世而得到不断强化。任何一个在某种程度上受到流行之庸俗禁锢的人，都被他们拒于千里之外。

　　从上述言论很容易看出，对独处的偏爱并不是人类本性中直接、原始的冲动，而是某种后天产生、逐渐增长的东西。孤独是高尚心灵的杰出特征，其发展并不基于人们征服自然的欲望，而且不时与靡菲斯特[1]的倡导背道而驰。他提议，用一种阴郁而足够摧毁灵魂的孤独，来换取身处众人之间的状态，换取社交。他说：

1　靡菲斯特（Mephistopheles），歌德的《浮士德》中描写的引诱人类堕落的恶魔。*

停止玩弄你的悲伤吧，

它像一只秃鹰一样吞噬着你的生命：

最卑劣的社会也会让你觉得

你是人，你活在众人当中。[1]

　　孤独是所有伟大心灵的宿命，这种宿命有时会令人痛惜，却终究会作为智者们在两害相权时那个更轻微的抉择。随着年龄的增长，人们总能更从容地表示："智慧需要勇气。"人到 60 岁以后，独处倾向会发展为一种真实、自然的本能。因为到了那个年龄，一切都倾向于助长独处。即使是那种最强烈的冲动，如女性之间对社交的热衷，都对此几乎无可奈何。

　　正是老年时的无性状态，在某种程度上奠定了人们自我充实的基础，同时逐渐吸收了一切与他人为伴的欲望。千万种幻想和疯狂都被克服，生命中精力旺盛的年华已经过去大半，这时的人已经没有更多的期望、计划或目标。和他同时代的人们已经消逝，一个新的群体出现了，新群体把他看作圈子之外的人。随着年龄的增长，岁月流逝得更快了，于是我们便想把剩下的时间留给智慧而非现实生活。因为只要我们的头脑能力尚可，长久以来所获得的知识和经验加上我们在行使权力时获取的便利，这一切都使我们比以往任何时候都更能轻易且有兴致地研究任何学科。万事万物都日渐明晰，而它们从前全都被疑云笼罩，得到最终结果能给人一种战胜困难的感觉。

1　《浮士德》，第一部，第 1281—1285 行。

基于与人相交的长期经验，我们不再对他人寄予厚望。我们发现，总体而言，人们无法从更加相熟的人身上获得裨益。而且，除了极少数幸运儿，我们所遇到的人都有着各式各样的人性缺陷，因此平静地离开才是明智的。我们不会再屈就于最初的生活幻象，而且，由于在个体层面上我们很快就能看清一个人的面目，因此很难感觉到自己产生了与其更加亲密的倾向。

最后，只与自己交往而与世隔绝，便成了一种习惯。因为独处是我们的第二天性，尤其是在我们从年轻时就与孤独友好相处的情况下。对孤独的热爱，一开始只是以牺牲我们对社交的渴望为代价，现在已经成为我们天性中的简单品质，成了我们生活的一个要素，就像水之于鱼一样。这就是为什么任何一个拥有独特个性的人（因为与他人不同，所以势必孤立）都会觉得，随着年龄的增长，他的境况不再像年轻时那样繁冗。

因为事实上，这种真正意义上的老年特权，只有在一个人拥有可观智慧时才能享受。在真正精神力量的存在之地，这种特权将获得最多的赞赏，但是每个人都会对其有着不同程度的欣赏。只有极度贫瘠而粗俗的人，才会到了老年时还像年轻时一样善于交际。但那时候，他们已经会给那个不再适合他们的社会造成麻烦，只能设法让他人容忍，而他们从前可是很受欢迎的。

年龄和社交能力之间成反比，还体现在另一个方面，这一事实能够推进教育。人越是年轻，在各方面需要学习的就越多；只有在年轻的时候，自然本身为人们提供了一种相互教育体系。因此在生命的那一阶段，仅仅是与他人的交往，其中就伴随着教诲。从这个角度来看，人类社会仿佛一所巨大的学术院校，在这样一种相互教育体系中，人们反对由书本和学校来进行教育的制度，认为这是一种人为的、违背自然体系的东西。因此，一个人在年轻时，在自然自发提供的学习场所中，应该当一个非常勤奋的学生，而这是一种非常适宜的安排。

然而，生活不可能十全十美。正如贺拉斯所说："缺憾是美的一部分。"或者用一句印度谚语来说："美丽的莲花都有丑陋的茎。"纵使独处有着千好万好，其中也有小烦恼和小缺点。当然，与社交相比较，这些是微不足道的。因此，一切承认自己价值的人，都会假定独处要优于与他人为伍。

但相比其他，独处还有一个不那么容易看到的缺点。正如整天待在室内的人，他们的身体会对外界气候非常敏感，所以每一股微小的气流都足以令他们生病。而我们的脾气同样如此，长期的独处会令其变得极其敏感，以至于最不足为提的事件、言语甚至眼神，都足以叨扰、激怒或冒犯我们，而那些生活在混乱中的人根本注意不到这些。

当你发现人类社会令人不快，并感到自己有了飞向孤独的正当理由时，你的秉性就会变得难以忍受哪怕一小会儿的抑郁——在你年轻的时候，这种情况很可能出现。

那么在此，我建议你养成一种习惯，你可以将独处带进社交之中，即使你和他人为伍时，也要学会在一定程度上独处。不要第一时间说出所想，同时也不要对别人说的话太过于字斟句酌。相反，无论是在道德还是智慧上，都不要对它们抱有过分期待，而要在对他人话语的漠不关心之中不断强化自己，想要践行最值得称赞的宽容品质，这始终是最可靠的方式。

这样做，你就不会和他人过于深交，尽管你可能会与他们为伍——此时你与他们的关系将带着一种纯粹的客观品质。这种警惕能够让你避免与社会产生过于紧密的联系，从而确保你不会被社会玷污甚至激怒。[1]在这个意义上，社会就像一把火，智者能在适当的距离上得以取暖，而不像蠢人那样靠得太近，一旦被烤焦便会立刻跑开，并在孤独中瑟瑟发抖，叫嚣着大火烧得太旺。

10

嫉妒是人之天性，同时也是一种恶习以及痛苦的源泉。[2]我们应该把它当作阻挠幸福的敌人，像对待邪恶的思想一样扼杀之。塞涅卡如此给我们建议，正如他那中肯的言论：

> 如果我们避免将自己的命运与其他更幸福的人进行比较，避免这种自我折磨，我们便会对自己所拥有的一切感到快乐。[3]

1　这种受制约的，或者说根深蒂固的交际，在莫拉丁（Leandro F. de Moratín）非常值得一看的戏剧《咖啡馆或新喜剧》中得到了戏剧性地展示，尤其是通过其中刻画的唐·佩德罗这个人物，特别是第一幕的第二、第三场。

2　嫉妒表明人们有多不快乐，以及他们对别人做了什么和没有做什么的持续关注，以及他们有多无聊。

3　《论愤怒》。

以及，

　　若是有很多人比你过得更好，就请再想一想有多
少人处于更糟糕的境地。[1]

　　事实上，如果真正的不幸降临到我们身上，最有效的安慰
就是去想想比我们更不幸的人，尽管这和嫉妒是同根同源的。
其次，我们最好与那些跟我们同等幸运的人交往——他们和我
们有着共同的苦处。

　　我们对他人的嫉妒如此之盛。至于我们可能激起他人的嫉
妒，我们应该永远记住，由嫉妒引发的仇恨，要比其他任何形
式的仇恨更加难以和解。因此，我们应该始终保持谨慎，尽力
避免做出任何可能引发他人嫉妒的事情。就像面对其他众多形
式的恶习一样，我们最好放弃其中可能包含的一切愉悦，因为
其后果是十分严重的。

　　贵族分三种类型：（1）出身和阶级；（2）财富；（3）智力。
而其中要数第三种最为突出，如果只允许时间来起作用，其占
据第一的位置一定会得到承认。如腓特烈大帝[2]般显赫的国王也
承认这一点，正如他对手下管家所说："高尚的灵魂其地位与帝

1　《书信集》。
2　即腓特烈二世（Friedrich II，1712—1786），普鲁士国王（1740—1786
　　年在位），欧洲开明专制和启蒙运动的代表人物之一，在位期间使普鲁
　　士国力迅速提升，成为欧洲大国之一。*

王不相上下。"后者因此表达了惊讶，他惊讶于伏尔泰与国王和王公同坐一张餐桌用餐，而阁僚和将军则沦落到和管家同座。

每个这样的贵族周围，都有一群嫉妒的人。如果你也属于这类贵族，这些人就会暗自怨恨你。除非他们被忌惮约束，否则总是会急于让你明白，你并不优于他们。而正是他们着急地让你知道这一点，表明了他们知道这恰恰与真相背道而驰。

要是被嫉妒的人盯上，你应该做的就是与这些人保持距离，尽可能避免与他们接触，这样一来你和他们之间才可能出现宽阔的鸿沟。如果做不到这一点，就以最大程度的镇定来承受他们的攻击。在后一种情况下，引发这些攻击的事物往往能产生中和作用，这些似乎就是较为普遍的做法。

而在这几种贵族之中，成员们彼此之间往往相处得很好，毕竟他们没有必要互相嫉妒，因为他们所拥有的几种特权，其产生的效用是势均力敌的。

11

在开始执行任何计划之前，你都要深思熟虑。即使你对计划了然于胸，也要对人类判断能力的不足做出一点妥协。因为总有可能会发生超出调查能力或无法预见的情况，从而扰乱你的所有预估。这种反应总会对平衡的负面的一边产生影响，这是对你的一种警告：在重要的事情上不要轻举妄动，三思而后行。

不过，一旦你下定决心开始着手，就必须让事情顺其自然，并接受其后果。不要再去想那些已经完成的事情，也不要再顾虑可能出现的危险。将你的思维从这件事上完全解放，绝不要走回头路，你要记住自己在适当的时候已经给予了此事足够的关注。这与意大利谚语"胸有成竹，放手一搏"（*legala bene e poi lascia la andare*）中的建议相同，歌德如此翻译这句话："整装待发，策马奔腾。"[1]

尽管如此，你还是有可能失败，因为人类一切事务都是一场充满机遇和谬误的游戏。即使绝顶聪明如苏格拉底，也需要自己优越的天资对此进行警告，或者用其口中的"守护神"，令自己在个人事务中作出正确抉择，或者说至少别出差错。这就证明人类的智力之于其目标是并不完善的。据说，某位教皇曾这样说过：我们犯错时，至少某种程度上应归咎于我们自己。即使这并非完全没有例外，但大多数情况下的确如此。这一真相似乎与人们尽力地掩盖自己的不幸，尽可能地为自己挣足脸面有很大关系。因为他们害怕，自己的不幸在很大程度上要归咎于自身。

12

如果不幸已经发生且无力回天，你就不应该再让自己去回想哪里出了岔子；更何况，这不幸本可以通过各种各样的手段来避免。因为这样的反思只能徒增你的痛苦，使你无法忍受并且自我折磨。而效仿大卫王则更明智：他的儿子躺在病床上

---

[1] 我们可以注意到，歌德的许多箴言都是谚语式的，它们往往是从意大利语翻译过来的。

时，他不断地祈祷和恳求耶和华让儿子康复；但当儿子死后，他便放手不再去想这件事。如果你无法做到如此宽心，或许可以借助宿命论，让伟大的真理向你揭示：一切事情的发生都是必然的结果，是不可避免的。

但不管这个建议有多好，它终究是片面而平庸的。在对自己暂时的缓解和安抚过程中，它无疑效果斐然。但如果我们的不幸是由自己的粗心或愚蠢引起的（且事情往往是这样），或者无论如何需要自己承担一部分责任时，去思考如何避免不幸发生才是明智的。尽管这个话题十分棘手，但这的确是极佳的自律形式，使我们在未来成为更有智慧、更好的人。

如果我们确实犯了错误，就不该像通常一样试图掩盖错误，或者找一些借口、做一些开解，而应该勇于承认自己犯了错误，并且睁大眼睛看看一切严重后果。只有这样，我们才能够坚定决心，下不为例。当然，这意味着我们会为自己制造大量痛苦，这些痛苦以不满的形式出现。但我们应该记住："没有经历过折磨，就无法获得教训。"[1]

13

在一切能够影响我们的幸福或不幸的事情上，我们都应该多加小心，不要让想象力随波逐流，不要建造空中楼阁。首先，它们的建设成本极高，因为我们很可能要立刻推倒重建，这便是一种悲痛的源头。因而我们应该更加警惕，不要去对可能发

1　米南德（Menander），*Gnomai Monostichoi*。

生的不幸加以描述，以此伤害自己的心灵。

如果这些不幸根本纯属虚构，或者离我们十分遥远，根本不太可能发生，那我们如梦初醒时便会看见，整件事都只是幻觉而已。在现实中，我们应该比梦中更易欢欣鼓舞，至多就是告诫自己避免遭遇不幸。尽管这些不幸离我们很遥远，但仍有可能发生。

然而，这一切并不是那种让我们的想象力获得愉悦的玩物。我们只有在空闲的时候才会建造空中楼阁，而且对它们的描述总是令人愉悦。形成阴郁梦境的事情，在某种程度上才是真正威胁到我们的不幸。尽管它离我们有些距离，但想象力让我们看事情比看现实更大、更近、更可怕。这种梦一旦醒来，就无法像愉快的美梦一样轻易摆脱。因为美梦很快就会被现实驱散，至多只剩下一丝微弱的希望，建立于渺茫的可能性之上。而一旦我们沉浸在忧郁之中，就会召唤出一些幻象，而它们并不会那么轻易地再次消失，因为这些幻象往往有可能成为现实。但我们无法每次都能准确地估计其可能性——这些可能性很容易转化为不幸发生的概率，因此我们便会自我折磨。

我们应该多加小心，不要在任何会对我们的幸福或不幸产生影响的事情上过度焦虑。不要让自己的焦虑飙升到丧失理智的限度，而应该在这些事情的处理上冷静而沉着，把它当作一个飘渺的问题，以免其过度触动我们。我们不应该在这件事上发挥想象力，因为想象力终究不是判断，它只会唤起幻象，诱发百害而无一利的痛苦情绪。

我在这里坚持的规则，应该在夜幕降临时得到更加审慎的观察。因为黑暗使我们胆怯，更容易看见某些可怕的形态。而思维模糊的影响与此也有相似之处，不确定性总是会给我们带来一种危机感。因此到了傍晚，当我们的思想和判断力有所松懈时，在这主观性的至暗时刻，我们的智力变得有些疲惫，变得容易困惑，此时往往无法弄清事情的真相。

如果我们在这种状态下，对自己感兴趣的个人层面之事进行思考，它们很快就会露出危险而可怕的一面。这往往发生在夜晚，我们躺在床上的时候，因为那时头脑是完全放松的，判断力根本起不到它应有的作用，而想象力仍然保持着清醒。黑夜让一切看上去都是漆黑的，无论什么东西。因此在入睡之前，或是当我们躺在床上整夜辗转不眠的时候，我们的思维通常会像置身梦中那样，往往充满了困惑与迷惘。如果这时，我们将思想集中于自身问题的解决，它们往往会变得极尽黑暗与可怖。

到了清晨，一切这样的噩梦都会随着苏醒而消失。正如西班牙谚语所说："黑夜绚烂而白昼苍白。"但到了夜幕降临时，即使立刻点燃蜡烛，我们的头脑还是会和眼睛一样，不再像白天那样看得清楚。这个时间不适合严肃地冥想，特别是想一些令你不快的主题。而合适的时间往往在清晨，事实上所有需要努力的事情都无一例外。因为"一日之计在于晨"，此时一切都是光明、新鲜、轻而易举的。此时我们感到力量满满，我们所有的力量都尽在掌握之中。

别让赖床缩短了清晨的时光，或是将清晨浪费在没有价值的工作和谈话上。要将清晨看作生活的精华所在，某种程度上，清晨是神圣的。而夜晚就仿佛迟暮，我们懒惰、唠叨而愚蠢。

每一天都是一场小小的生命：每一次苏醒和起床都是一次小小的诞生，每一个清新的早晨都是一段小小的青春，每一次休息和入睡都是一场小小的死亡。

但是，健康、睡眠、营养、温度、天气、环境，以及其他一些纯粹外在的东西，通常会对我们的情绪产生重要的影响，进而深刻地影响我们的思维。因此，我们对一切事物的看法，以及我们在任何工作上的能力，都在很大程度上受到时间和地点的影响。因此，我们应该在心情好的时刻充分获利，因为它们的到来实属难得！

> 留住那些好心情吧，
> 因为它们太过稀罕。[1]

我们并不总是能够基于周围环境形成新的想法，或由此指导原先的思维——这些想法总是想来就来，毫无预兆。因此，我们也不能总在事先决定要考虑某些个人问题时，就完全成功地料事如神，更无法自己掌控其时间节奏。因为对这些问题有利的特别思维，往往会突然活跃起来，没有任何前兆，而我们可能会怀着浓厚的兴趣去追随它，而反思也会通过这种方式，选择自己到来的时间。

我所推荐的这种对想象力的约束，也会让我们无法唤起对过去不幸的记忆，进而避免自己描绘一幅黑暗的图画，描绘出

1　引自歌德。

自己所遭受的不公或伤害，描绘出自己所承受的损失，描绘出自己从前所受到的侮辱、轻视和愠怒。因为如此描绘，就会唤醒一切原本长期沉睡的恼人的消极情绪，令其进入新的生活，那是一些扰乱和玷污我们天性的愤怒和仇恨。

新柏拉图主义者普罗克勒斯[1] 在一个精妙的寓言故事中，指出了每座城邦中暴民们是如何与富人和显贵们比邻而居的。同样，在每个人内心深处，即使他无上高雅和尊贵，在其本性深处都有一群带着低级而庸俗欲望的暴徒，这群暴徒使其成为一只野兽。这野兽并不会让群氓暴动，甚至连让他们从藏身之处向外窥探都不行。这野兽相貌可怖，而其叛军的首领就是我前文描述的那种想象力的放飞。

即使是最微不足道的烦恼，无论来自我们的同伴还是来自周围的事物，都有可能膨胀成一个可怕的怪物，让我们陷入失智的境地。这一切都是因为我们用最耀眼的颜色和最大的尺度来描绘这些烦恼。而对这些不愉快的事情采取一种十分镇定而平淡的看法则要好很多，因为这是我们最易于忍受的方式。

如果你让一个小物件离眼睛很近，就会限制自己的视野，把整个世界拒之门外。同样地，你面前站得最近的人与事物，即使产生的影响微乎其微，其引发的注意力也远远超过实有的，仍会可恼地将我们填满，我们眼中便没有空间留给严肃的思维或重要的事务了。因此，我们要尽量抵御这种倾向。

1　普罗克勒斯（Proclus，412—485），晚期希腊哲学家，新柏拉图主义的集大成者。*

14

当我们看到不属于自己的东西时，总会产生这样的想法：啊，要是那独属于我就好了！这让我们意识到了自己的匮乏。相反，若是我们更频繁地向自己提出相反的劝诫，或许我们会做得更好：啊，要是那不属于我呢？

我的意思是，有时我们应该试着通过假定自己的失去，来看待自己所拥有的一切。不管它们是什么，财产、健康、朋友、妻子或孩子，或者是我们爱的人，乃至我们的马或狗。通常只有在失去它们时，我们才开始发现它们的价值。

但是，如果以我推荐的方式来看待事物，我们或许将成为双倍赢家，将立刻从拥有的事物中获得比从前更多的快乐。我们将尽自己所能，避免失去它们。例如，我们不会拿自己的财产去冒险，我们不会激怒自己的朋友，不会让自己的妻子暴露在诱惑之下，亦不会忽视自己孩子的健康，诸如此类。

我们经常试图通过对未来成功的机会进行推测，以驱散当下的阴郁和沮丧。这一过程使我们创造了大量空想的希望。它们每一个都包含着幻觉的萌芽，但当这些希望被生活中的艰难事实粉碎时，失望是不可避免的。

以不幸的主题进行一些投机，是百利而无一害的。因为这样做的同时，我们会立刻为自己提供预防不幸的措施；如果不幸未能出现，我们就将获得惊喜。难道在一个我们开始克服焦虑的时段，我们不是总会感到精神上有了明显改善吗？

我甚至可以这么说，偶尔设想有些不幸会降临到我们身上，仿佛它们真的发生了一样，也自有其作用。因为我们这样做的话，就更容易接受现实中发生的那些小挫折。而此时回想起我们未曾经历过那些巨大的不幸，反而产生了一种安慰。不过，在遵循这条原则时，也万万不可忘记我在上一节谈到的内容。

15

我们会被各式各样的事情吸引，无论关乎生意还是仅仅关乎日常。如果我们完全孤立地进行处理，不在意其中的秩序或联系，它们就会显现出鲜明的对立，除了各自对我们产生尤其巨大的影响之外，完全没有任何共通之处。如果我们要让思维与这各式各样的主题保持一致，那么这些事情就会在我们心中激发起相应的唐突想法以及焦虑。

因此，无论着手做任何事时，第一步就是将我们的注意力从一切其他事物中抽离出来。这能让我们对每一件事都心无旁骛，并且能够享受或从容应付它，将我们对其他事物的兴趣先放在一边。我们必须将自己的思维装进一个个小抽屉里，这样我们就可以在不影响其他抽屉的情况下打开任意一个。

这样一来，我们就可以避免焦虑将沉重的负担压在我们身上，以至于破坏当下的小小愉悦，或者休息遭到剥夺。如果不这样做，我们对事情的考虑就会互相干扰，对一些重要事务的关注，可能会导致我们忽视许多恰恰不那么重要的事情。最重要的是，对于每个有能力拥有更高尚、更尊贵思想的人而言，不要让他们的头脑完全沉浸在个人事务和俗不可耐的麻烦之中。如果他们的一切注意力都被这些东西占据，就容易将更有价值的事情弃置不顾。而实际上，这才是忽视了生命的真正目标。

当然，就这一点以及其他许多方面而言，人的自我控制是有必要的；没有它，我们就无法以我所描述的方式来进行自我管理。另外，如果我们考虑到每一个人都必须服从于周围环境中众多的、非常严格的控制，要是没有这种控制，任何形式的存在都无从谈起，如此一来，自我控制就不会显得那么困难了。

此外，在恰当的时候稍加自我控制，可以防止随后产生的、来自他人的强迫行为。正如靠近圆心的圆环，其一小段周长就可能对应外周大圆的几百倍长度。没有什么比自我控制更能保护我们免受外部的强迫行为了。而且，正如塞涅卡所说：

让自己服从于理性，便是让其余一切都服从于你的办法。

自我控制也是由我们自身力量掌控的。即使发生最糟的情况，当这种控制触到了我们最为敏感的部分，我们也可以自行缓解其严重性。相反，其他人就不会在意我们的感受，如果他们不得不施加强迫行为，我们的处境就不会得到任何同情或怜悯。因此，通过自我控制来预防遭受强迫行为，是非常明智的。

16

我们必须限制自己的愿望，抑制自己的欲望，节制自己的愤怒。要永远记住，在任何值得拥有的东西中，我们每个人获得的份额都非常小。而另外一方面，我们每个人又都必须承受来自生活中的许多不幸。简言之，我们必须忍受和克制。如果我们不遵守这条原则，纵使位高权重、腰缠万贯，都无法阻止我们心生不幸。

这就是贺拉斯为何建议我们仔细研究、努力探寻促进宁静生活的最佳途径，不要总是被注定落空的欲望、恐惧和希望所激怒，毕竟这些东西都一文不值：

> 在你的所作所为中，要始终阅读、请教智者，
> 如何才能让此生过得无忧无虑。
> 克服恐惧，摆脱躁动和贪婪，不屑于庸俗平凡。[1]

17

亚里士多德说过："生命在于运动。"他显然是正确的。我们之所以在物理上存在，就是因为我们的有机体是个不断运动的场所。如果我们要在智力上存在，便只能通过持续劳动，只要这种劳动是某种形式的实践活动或精神活动就可以了，无关乎具体的方式。如果你看到有人无所事事、头脑空空，只知道用自己的指关节、棍子或是任何手边方便的东西敲来敲去，你就会认同上面的观点。

事实上，我们的天性在本质上就是不安分的：我们总会三分钟热度，无事可做，这是一种无法忍受的无聊。我们应该限制自己产生落入这种境地的冲动，我们应该对此采取一些措施，这种冲动本身便能增加我们所获得的满意度。动起来吧！

---

1 《书札》。

做点什么吧；如果可能，创造点什么吧；无论如何，学习点什么吧。没有这些，人就无法生存，这又是何其幸运啊！

如果可以的话，一个人总想要利用自己的力量，来看看最终会产生什么效果。如果这个人能制作或建造一点什么，无论是写一本书还是编一只篮子，他都会得到欲望的满足和充分的肯定。看到作品一天天地在自己的手中成长，直到最后完成，这是一种非常直接的诉求。这就是艺术作品或手稿所附加的愉悦，甚至仅仅是体力劳动也能带来这样的愉悦。当然，作品的水平越高，给人带来的愉悦就越强。

从这个角度来看，那些意识到自己有能力创作伟大作品的人是最幸福的。这种创作带着某种重要目的：它给这些人的整个生命带来了某种更高尚的兴趣，这是一种别致的风味。这种兴趣在普通人的生活中是缺位的，相比之下，他们的这种兴趣看起来十分平淡。对于天性丰满的人而言，生命和世界中都存在着一种特殊的兴趣，这一兴趣超越了许多人日常分享的个人兴趣，甚至还有比这更高尚的，那就是旨趣。

旨趣是这些人从生活和世界中获得的、其作品所需的素材，他们一旦从个人需求的压力中解脱出来，便会倾其全部生命去勤奋地收集素材。他们的智慧同样如此：在某种程度上可以看作一种双重性格，一部分投入每天的日常事务，即那些与其他人投入同种意志的事物；而另一部分则致力于他们的特殊工作，即纯粹而客观地对存在进行思考。尽管在世界这个舞台上，大多数人都扮演着小角色直到死去，但天才们有着双重生活，他们既是演员又是观众。

那么，就让每个人都量力而行，去做点什么吧。没有固定的工作，没有固定的活动领域，这是件多么悲惨的事情！为寻欢作乐而长期无所事事，常常使一个人彻底无法快乐。因为没有任何可以称为"职业"的事情来驱使他，可以说，他没有任何拿得出手的地方。

努力吧，与困难斗争吧！这对一个人来说是非常自然的，就像挖土之于鼹鼠那样。让所有欲望都得到满足，反而令人忍无可忍，快乐持续太久，就会产生停滞不前的感觉。而克服困难就是对生命中全部乐趣的体验，无论是在哪里遭遇障碍——日常生活的琐事，商业或生意上的事情，或是某些心理能量的消耗——那是一种想要将某个问题追问清楚的探索精神。

在斗争与胜利中，往往各有其愉悦。如果一个人没有机会令自己兴奋，他也会尽可能地创造刺激，且这种刺激往往投其所好。他可能会打猎，或是玩用棒接球，甚至受到天性中某种意想不到的因素驱使，他会挑起与他人的争端，策划阴谋诡计，或者常常搞点欺诈和恶作剧。所有这一切，都是为了终结那令人忍无可忍的休息状态。正如我说过的："无所事事，心绪难平。"

18

一个人应该避免被自己想象力的鬼魅所引诱。这与遵循清晰观点的指导可不是一回事。然而，大多数人都将这一人生准则歪曲了。只要你花点心思，仔细研究周围环境，最终非常审慎地做出某个决定，你通常会发现，这个决定可能与之前不同。当然，也不仅仅是清晰的思路和布局才能产生正式的评判，那种光怪陆离的想象，往往代表着诸多可能性中的一种。

我忘记了是在伏尔泰还是狄德罗的一部小说里，主人翁仿佛年轻的赫拉克勒斯[1]，站在人生的十字路口，他的眼中没有任何美德的代表——除了他年迈的老师将鼻烟盒放在左手上，捻了捻烟丝然后对他进行教诲，而邪恶的形象则以他母亲的女仆为代表。

尤其是在我们年轻的时候，倘若我们为之不懈努力的目标是一幅充满幻想的幸福图景，这幅图景在我们眼前盘旋半生乃至一生，带着一种嘲讽的态度；因为当我们认为梦想将要实现时，这幅图景就会化为乌有；我们由此得知，这幅图景所承诺的一切并不会真正实现。

我们总会对家庭抱有这样的愿景：我们会事无巨细地想象未来的家会是什么样子；或许还会预想自己的同胞和社会生活的状况；再或者，想象我们住在乡下的日子——我们将拥有怎样的房子，房子周围环境如何，这些房屋如何为我们带来荣耀和身份的标志，诸如此类。总之，我们会预想自己所好，毕竟"仁者见仁，智者见智"。而关乎我们所爱之人的梦想，通常也是如此。

这一切都是非常自然的，因为我们会受到脑海中幻象的直接影响，对我们而言，它们仿佛真实可见。因此相比抽象观念，它们对我们的意志产生的影响更为直观和即时。抽象观念只能

---

1 赫拉克勒斯（Hercules），古希腊神话中的英雄，主神宙斯之子，死后成为大力神。*

给我们一个模糊、笼统的轮廓，不带任何细节，而细节才是真实事物的一部分。虽然我们只能间接受到抽象观念的影响，然而只有抽象观念才能做到它所承诺的一切。教育的作用所在，正是让我们相信这一点。当然，抽象观念有时必须借助想象的图景加以解释，我们能够由此获得更充分的释义。但审慎一点来说，还是应该有所存疑。

19

上述规则可以被更加普适的格言所囊括，即：**一个人永远不应该让自己被第一印象驾驭**。事实上，人们根本不应该被外在表象操控，相比纯粹的思维演绎和观念序列，这些外在表象或许在效果上更为有力。这并不是因为第一印象中充满了高尚的美德，恰恰相反，可能是因为这瞬间的印象能够立刻被感官体验到，其效果也立竿见影。它们强行侵入我们的头脑，打乱我们的思路，粉碎我们的决心。

很容易理解，放在我们眼前的事物往往很容易展现其效果。但想要理清思维、站对立场，时间与闲暇的检验缺一不可，因为我们不可能在一瞬间对所有事情都考虑周全。这就是为什么尽管我们奋力抵抗，还是如此容易受到快乐的诱导；或者尽管我们知道批评我们的人毫无判断能力，却还是会因他们而烦恼；又或是尽管我们知道有些侮辱的来源十分卑劣，却还是因此而被激怒，更不必说其他的情况了。

基于同样的道理，原本无害的十个依据都可能被一个错误的观念所抵消，正因为这个错误的观念实实在在、触手可及。

这一切都显示了人性在本质上是非理性的。女性常常会向第一印象产生的巨大影响屈服，而即使是男性，能做到完全理性并规避这种影响的也不多。

仅仅通过思维演绎是无法抵抗某些外部影响的，对此最好的办法就是通过某些与此相反的影响来进行中和。例如，要抵消侮辱的影响，我们可以通过与对我们示好的人进行社交而克服。倘若因为某些迫在眉睫的威胁而产生不快，我们可以集中注意力，寻求抵御它的方法，以此将它挡在门外。

莱布尼茨[1]曾讲述过一个意大利人的故事：他之所以成功地忍受了鞭笞的折磨，是因为他在一刻不停地思考，一旦他说出了秘密，等待他的就是一座绞刑架。他不停地大喊："我料到了！我料到了！"他后来解释道，这喊叫也是他计划的一部分。[2]

正是出于这样的原因，我们发现很难在观点上保持自己的主见。当所有人都不赞同我们并采取相应的行动时，我们便会犹豫不决，即使自己坚信他们都是错的。举一个逃亡国王的例子：他极力避免自己被俘虏，他必须再找到一个忠实的追随者，对方的极尽赞美和卑躬屈膝能够带给他极大的安慰。为了不暴露其主人的姓名，这个追随者必须隐秘地示好。这种示好真的必不可少，否则这位国王甚至会对自己的身份产生质疑。

1　莱布尼茨（Gottfried W. Leibniz，1646—1716），德国哲学家、数学家，在多个学科都留下了重要著作，以通才闻名。*

2　《人类理智新论》。

20

在本书的第一章中，我已经强调了健康的巨大价值，并将健康看作幸福的第一要务和重中之重。现在，让我通过一些保持健康的准则，来强调与确证之前的结论。

要想身强体壮，就要在健康的日子里让身体承担大量的劳动。从整体和局部的角度全方位锻炼身体，让身体抵御住一切有害的影响。但是，当某种疾病和障碍出现时，无论有关身体的整体还是局部，采取的做法都应该和上面相反。此时应该对出现问题的身体或身体部位极尽呵护，不要再让它们受累，因为生病和虚弱的情况下是不能强撑的。

肌肉可以通过艰苦的力量训练得以增强，但神经却不然，它们会因过度紧张而被削弱。因此，在以各种适当的方式锻炼肌肉的同时，也应注意尽可能为神经保留实力。例如，眼睛应该受到保护，不要受过强光线的刺激，更要避免反射光照射，不要在黑暗中过度用眼，也不要长时间观察微小的物体。我们也应保护耳朵，不受过大声音的影响。

最重要的是，我们永远不该强迫大脑工作，不该让其劳作过量或进行不合时宜的运转。在肠胃消化的时候，大脑也应该休息。因为大脑形成思想所需的心理能量，同时在身体的其他部位也需要承担大量工作——我指的就是在消化器官中，在那里它需要将食物捣碎并乳化。

出于类似的原因，在剧烈的肌肉运动中，或者在刚做完剧烈的肌肉运动后，也不应该立刻用脑。因为运动神经在这方面与感觉神经相差无几：肢体受伤时，你感受到的疼痛也会强烈地刺激大脑；同样地，我们做事和运动时，起作用的并非真正是我们的大腿和手臂，而是大脑——或者更严格地说，是大脑的某一部分，大脑通过脊髓的中介刺激四肢中的神经，并使其做出动作。

因此，当我们的手臂和大腿感到疲惫时，这种感觉的真正归宿是在大脑中。这也就解释了，为什么只有有意识并且自发的肌肉活动才会产生疲劳感。换言之，只有这些活动才是受大脑指挥的；而那些非自愿工作的肌肉（如心脏）的情况就与此不同。那么很显然，如果同时或在时间间隔非常短的情况下进行肌肉锻炼和智力活动，就会对肌体产生损伤。

我所说的与以下事实也不相冲突：在一开始散步时，或者在任意一段短时间内漫步时，你往往会感觉到思维的活力得到了提升。此时大脑精力无限，不会感到任何疲惫。此外，轻微的肌肉运动有助于呼吸器官活动，此时更纯净、含氧量更高的动脉血液能够供应到大脑中。

最重要的一点是让大脑得到充分的睡眠，这是恢复大脑功能所必需的手段。因为睡眠之于人的整个天性，就像拧紧发条之于时钟。[1] 这一手段能够直接对大脑的发展与活动进行改变。但过度睡眠纯粹是浪费时间，因为这样一来，睡眠长度的增加

1　《作为意志和表象的世界》，第 2 卷，第 236—240 页。

会与其深度的损失同样可观。[1]

我们应该清楚地认识到，思想只不过是大脑的一种有机功能，它必须和其他功能一样，遵循有关运动和休息的一切法则。和眼睛一样，过度疲劳也会损害大脑。正如胃的功能是消化，大脑的功能就是思考。

"灵魂"的概念作为某种基本而非物质的事物，仅仅是在大脑中借宿而已。它的基本功能无须任何条件就能实现，它总会不厌其烦地思考，这毋庸置疑让很多人做了傻事，而这导致了智力的削弱。甚至腓特烈大帝也曾试图养成完全不睡觉的习惯。如果哲学教授们能够克制住自己，不要对某个带着有害性质且会带来糟糕后果的概念加以推广，那就再好不过了。可是哲学教授就爱这样，他们总要婆婆妈妈地努力延续教义问答法。

一个人应该让自己养成习惯，从生理功能的角度来看待自己的智力，并从这一角度对其进行管理，即因时制宜地培养和训练智力。要记住，身体上的每一种痛苦、疾病或障碍，无论其产生于身体的哪个部位，都会对你的头脑产生影响。在这个问题上，据我所知最有用的建议就是卡巴尼斯[2]在他的著作《人的生理与道德之间的关系》中所提出的。

由于忽视了这一准则，许多天资聪明而伟大的学者随着年

1　睡眠是一小段假借而来的死亡片段，以维持和更新由于白天睡眠不足而筋疲力尽的一部分生命。或者可以说，睡眠是我们在向死亡支付的资本利息；利率越高，支付的频率越高，赎回的期限就推迟得越久。

2　卡巴尼斯（Pierre J. G. Cabanis, 1757—1808），法国心理学家、哲学家，擅长在生理的基础上对心理和道德现象进行解释。*

龄的增长，都变得意志薄弱且孩子气，甚至变得疯狂至极。我只举一些不容置疑的铁证：19世纪上半叶的英国诗人斯科特、华兹华斯[1]和骚塞[2]，都在他们大去之日不远或者刚过花甲之年时，就变得蠢笨无能。

他们的愚蠢可以归咎于这样一个事实，那就是他们在自己的一生中都受到了高薪的引诱，将文学视为一种交易，并为赚钱而写作。这诱使他们违背天性地滥用自己的智力。一个人为自己的诗兴套上枷锁，用鞭子催促自己的灵感，就必须为此付出沉痛的代价，这种代价与滥用其他权利所受的惩戒是一样的。

即使就康德而言，我也怀疑他最后四年的痴呆时光，是其晚年功成名就之后的过度劳累所致。

一年中的每一个月，对人的健康和身体状况都有其自身特殊且一目了然的影响，甚至对人的精神状态也会产生影响。这种影响取决于天气的变化。

1　华兹华斯（William Wordsworth，1770—1850），英国诗人，浪漫主义诗歌的代表人物，代表作有《抒情歌谣集》等。*

2　骚塞（Robert Southey，1774—1843），英国浪漫主义诗人、作家，自由诗体运动的先行者。*

第三章　我们与他人的关系

21

综观漫漫人生，人们会发现为两件事做足准备是很有用的，那就是"向前看"与"不计较"：前者能保护自己免受损失与伤害，后者能让自己免于争论和口角。

只要与他人共同生活，一个人就不应该弃任何人于不顾，因为每个人都在自然法则中有其地位，即使这个人非常邪恶、卑劣或荒谬。一个人必须接受对方的存在，因为这是不可改变的事实，"不可改变"是一条永恒而基本的原则，你只能接受。在处境糟糕时，你应该记住靡菲斯特的一句话："这世界上总有傻瓜和无赖。"

若你完全不顾及他人，便会被谴责为处事有失公允，弃他人的生死于不顾。毕竟，没有人能改变自己独一无二的个性、道德品质、智力水平以及秉性和体格。如果我们对一个人全盘否定，那他将会一无所有，而我们自己也将陷入致命的内心冲突。因为他只有变成另一个人，才能从我们这里获得生的权利，而这绝不可能发生——因为他的天性不可改变。

因此，只要你不得不生活在人群之中，就必须允许每个性格不同的人按照自己的本性生活，不管他是什么样的人。你能做的只有通过顺应他人的性格来对其加以利用，而非指望其作出任何改变，或是失礼地妄加指责。这便是"不善者吾亦善之"这句格言的真实意义。然而，这句话越是正确，做到这一点反而越艰难。如果一个人可以一直不用和很多人打交道，那他可谓幸福。

要掌握忍耐他人这门艺术，可以通过无生命的对象来进行练习，这些对象凭借着某种机械化或一般性的物理需要，顽强地抵抗着我们的行动自由，而我们每天都需要带着耐心面对它们。如此，我们所获得的耐心也能应用于人际交往。无论我们在哪里遭到他们的反对，都能够习惯于将这些反对看作他们的本性使然，他们对我们的反抗就和无生命的客体一样，是由僵化的必然性法则驱动的。若是我们为他们的行为动怒，就如同只因为滚落的石头挡住了你的道路而对着石头生气般愚蠢。而对你来说，最明智的选择就是让那些无法改变的人为你所用。

22

令人惊讶的是，当两个人开始交谈时，双方能够如此轻易地感受到自己和对方在思维与性格方面的异同——通过举手投足间的细节都能够展现。当两个性格迥异的人交谈时，总是"话不投机半句多"——即使他们的话题十分无关紧要，或者双方都对话题兴致索然。而另外一方面，性情相似的两个人会在不知不觉间，共同感受到一种认同感。要是他们仿佛同一个模子刻出来的，那两人的交往之间或许会出现高度和谐，甚至完全同步。

上面的一切解释了两类情况。首先，这说明了庸常的人为何如此善于交际，无论在哪里都能找到良伴。啊！这可真是些善良、可爱、勇敢的人啊！可那些非同寻常的人则正好相反。他们越是非同寻常，就越是变得不合群。因此，若他们在孤单之中偶然遇见一个人，居然能够在天性上与自己产生共鸣，即使这一刻转瞬即逝，他也会在两人的交往中表现出无与伦比的快乐。而在和他相遇的那个人眼中，他也是同样意义非凡的。伟大的人就像雄鹰，只在最高的山崖上孤独地筑巢。

其次，我们也能够理解，兴趣相投的人为何能够如此迅速地和睦相处，仿佛他们的相遇是冥冥之中的天意，是两个志同道合的灵魂被吸引到一起。当然，我们往往是在品位低俗、智力低下的人身上观察到这一点，毕竟他们的数量实在庞大。而那些超凡脱俗的人往往万里挑一，可遇而不可求——他们之所以称得上稀少，是因为你很难慧眼识珠。

可以这么说，比如一群人为了同一个目标而结成联盟，刚好这群人里有两个无赖，他们就像戴着相同的徽记一样，很容易与对方相认，并立刻臭味相投，合谋一些见不得光的勾当。同样，如果你能够想象由一大群智力超群的人组成的一个大的群体，而其中只有两个蠢人，他们肯定也会因为同病相怜而凑到一起，而且很快就为自己在芸芸众生中找到一个机灵鬼而感到开心——当然，这种情况不太可能发生。

这真是件令人匪夷所思的事，为什么会有这样两个人，当道德与智力都处于劣势时，还能如此一见如故。他们会在与对方相遇时，显得多么热切而又振奋；他们会如此亲切而愉悦地互相问好，仿佛一对老朋友一样。这一切太吸引人了，让人不禁想起佛教中的"轮回"一说，并猜测他们是不是真的在前世就认识。

不过，即使双方有着如此共鸣，人们之间还是会发生分歧；或者在某些情况下，这些志趣相投的人之间也会出现短暂的嫌隙。这是由于两人心情的差异。两个人完全保持同一种心态是很难的，因为这会随着他们的生活条件、职业、环境、健康状况以及短期的思维方式差异而产生变化。正是这些差异，导致互为知己的人之间也会产生不和。为了适当地将此矫正回平衡状态，从而消除双方之间的干扰，就要保证两人的脾气也是一致的，这对文化背景的要求非常高。

情绪的一致性到底在多大程度上能够催生高质量的友谊，可以通过它对一大群人的影响加以衡量。比如很多人共处时，向他们呈现一个相同的客观兴趣，这个有趣的东西对每个人都同样能够产生作用，它可以是任何东西，比如一点威胁或希冀、一个好消息、一片景色、一场戏剧、一段音乐，诸如此类。你会发现，他们互相表达观点的欲望就此被唤醒，他们会真诚地表达出自己的兴趣。

此时，他们中间会出现普遍的愉悦感，因为那个吸引注意的客体超越了个人兴趣，催生了某种一致的情绪。在上面提到的那种客观兴趣缺位时，我们通常不得不求助于某些主观事物。要在人群中激起团结感，分享一瓶红酒是种常见的手段，甚至茶和咖啡也能达到相同的效果。

由于人们可能会在同一时间碰巧处于不同的情绪状态，因此在任何社交过程中出现的不和谐就很容易解释了。这也能够部分地解释我们对回忆的态度为何总是会理想化，甚至扭曲变形，因为我们没有能力记住每一个场合对我们产生的影响，而且这些影响转瞬即逝。记忆在此时就仿佛胶片相机的镜头，它将视野范围内的一切都微缩了，因此照片的画面要比实际的风景精细很多。

而对于一个人来说，心不在焉或许更有助于这种优越视野的获得。这是因为记忆的理想化倾向虽然需要时间才能完全形成，但它开始得非常迅速。因此，间隔很长时间再与朋友和熟人相见是非常精明的。毕竟你会发现，再次相见时，记忆已经发生了作用。

23

人的眼界永远不会超越自身的高度。我要对此做一点解释。

你在自己身上看不到的部分，在他人身上也看不到；你自身的智力水平严格决定了你对他人的理解程度。如果你智力水平低下，纵使他人的内在品质无比高尚，也不会对你产生丝毫影响。你只能看到他们个性中最刻薄的一面，换言之，你只能看到他人性格特质中的弱点和缺陷，除此之外，你将一无所得。你对一个人的整体评价将会局限于他的缺陷，他那些更为高尚的内在品质绝不会因你而存在。正如对那些双目失明的人而言，色彩就是不存在的。

对没有智慧的人而言，智慧本身是不可见的。在对他人的作品进行评判时，批评家本身拥有的知识范围和作品本身的价值一样，是其对这一作品的评判的重要组成部分。

因此，与他人的交往涉及一个自降身份的过程。如果一个人身上有某种品质而另一个人身上没有，他们相遇时，这种品质便无法发挥作用。而这就势必造成其中一方的自我牺牲，因为他无法引起对方的认同。

简言之，你只要想到大多数人的肮脏、愚蠢以及庸俗，你就会发现，想要和他们对话，就要让自己暂时变得庸俗。在这种情况下，庸俗就像电能一样，是很容易配给的。"让别人看轻你吧。"你一定会对这句话表现出充分的赞赏和肯定。你会很乐意和那些人毫无交集，毕竟他们与你仅有的共同点，就是你天性中最不值得骄傲的地方。

因此你就可以明白，在和蠢笨之人打交道时，体现自己智慧的唯一方式，就是不与他们为伍。这也就意味着，当你初入社会时，时不时就会觉得自己仿佛是一位优秀的舞蹈家，可接到舞会邀请去赴宴时，你却发现每个人都是跛脚的——你该与谁共舞？

24

我尊敬的人可谓百里挑一，他们即使百无聊赖地坐着，也会克制自己，不把手边的任何东西晃来晃去或弄出声响，比如手杖或桌上的刀叉，或是其他任何东西。而这样的人，此时很可能正在思考着什么。

显然，对很多人而言，他们的视力完全主导了思维能力。他们似乎只有在自己发出噪音的时候，才能意识到自己的存在；除非他们正在吸烟，而吸烟所起的作用与此类似。而正是出于同样的原因，他们能够对出现在自己周围的人和事生出千里眼、顺风耳。

25

拉罗什富科有一个一鸣惊人的论调：要对同一个人产生深深的敬畏和强烈的好感，这是很难的。照他说的，我们必须要选择，自己想在同胞那里得到尊敬还是爱意。

他们的爱总是自私的，尽管方式各不相同；而获取爱的手段并不总是能让我们感到骄傲。一个人在接受他人的爱意时，主要是因为他对这些人的好感和智慧的要求不那么苛刻了。但在这件事上，他明明应该保持真诚，不加掩饰——这种宽容不仅仅是出于忍耐，其本质是一种藐视。这让人想起爱尔维修的一个细致观察："一个人取悦我们需要多强的智力，这个程度能够最准确地衡量出我们自己的智慧。"将这句话作为思考的前提，我们就很容易得出结论。

而要获得众人的尊敬，情况与此恰恰相反；人们并不情愿尊敬你，正因如此，尊敬往往是隐藏的。因此，受尊敬和被爱相比，能带给人更多切实的满足。因为尊敬关乎个人价值，而爱却并非直接关乎个人价值，爱在本质上是主观的，尊重却相对客观。当然，被爱比受人尊敬更加有用。

26

大多数人都是完全主观的，除了他们自己，没有什么能真正引起他们的兴趣。每当听到有人在发表任何评论，他们总会联想到自己的情况。任何对他们个人有影响的事物，哪怕关联微乎其微，都能够吸引他们的全部注意力。其结果就是，一旦话题转向自己，人们就无法形成客观的视角；在任何破坏其利益或虚荣心的论点面前，他们一定不会承认其合理性。

因此，他们的注意力很容易被分散。他们太容易感觉自己被冒犯、侮辱或激恼，在和他们讨论一切客观话题时，在不得不提及那些对他们极具价值或极为敏感的前人时，多么谨慎都不为过。因为你对此发表的任何意见，都有可能伤害他们的感情。人们对任何不影响他们自身的事物，都不会真正感兴趣。此时，真实而引人入胜的观察，以及一切精细、微妙而诙谐的东西，都会在他们那里消失——他们无法理解，也无法感同身受。

但是，若是有任何事情触动了他们的虚荣心，或对他们极其看重的事情表征出一点前兆，即使其方式再生僻、其影响再间接，他们都会对此十分脆弱和敏锐。这时的他们仿佛一只小狗，你会不小心踩到他们的脚趾，他们就会尖声惊叫引起你的注意；又或者，他们就像浑身疮痍的病人，你必须谨小慎微地对待，避免不必要的触碰。

在某些人身上，这种感觉已经到了无以复加的程度，以至于任何人在和他们交谈时，只要让他们感受到对方表现出的智慧与洞察力，乃至没有充分将自己的智慧与洞察力隐藏起来，他们就会觉得这是一种彻头彻尾的藐视。虽然他们会一时隐藏自己的憎恶，但最后只会让谈话的对方茫然地反省自己说过的话，绞尽脑汁想要弄明白，自己到底做了什么，才被这群人恨得如此咬牙切齿。

但是，奉承和拉拢他们也同样容易。这就解释了为何他们往往失去了判断力，为何没有立场，这无关事物的真实性和正确性，而关乎他们所在党派和阶层的偏好。这一切都是因为，对于这种人来说，其意志力远远强于其知识水平。因此，他们平庸的智力完全沦为意志的仆役，而且没有任何一刻能够解脱，为自己发声。

占星术为人类这种悲惨的主观倾向提供了有力的证明，这种倾向导致他们认为万事全与自己相关，并且认为没有什么事不是直接关乎个人的。占星术的目标是将天体的运动与这可悲的自我联系起来，让天空中的流星与地球上的争吵和恶行建立起某种联系。

27

无论是在公众或社会中，还是在书籍中，假使出现了错误的声明而且被公众欣然接受，或者至少没有受到驳斥，你也没有理由感到绝望，或是认为这件事情应就此平息。你应该通过反思来平复心情，相信这个问题的真相会逐渐浮出水面并接受审判。真理之光注定会照耀它，人们会思考再三，深思熟虑，审慎讨论，最后达成正确的观点。因此，经过一段时间，每个人都会看到真相，不过时间的长短取决于问题的难度——而一个清醒的人，第一时间就能看穿问题。

当然，与此同时你必须有耐心，当众人皆醉你独醒的时候，就仿佛一个人的手表明明走得很准，但他却住在一座所有钟表都走错了的城镇里。只有他知道正确的时间，可这对他而言有什么用呢？每个人都按照错误的钟表行事，连那些知道只有他的手表调准了的人也不例外。

28
人就像孩子，如果被偏爱，就会有恃无恐。

因此，最好不要对任何人表现得过于纵容或仁慈。有一些准则供你参考：不借钱给朋友不会让你失去他们，但借钱给他们却有可能失去朋友。同样地，即使你行事有点傲慢和粗心，也不至于轻易和他人疏远；但如果你待人太过仁慈或顺从，往往会让对方变得恃宠而骄，令人难以忍受，而此时你们之间便会产生隔阂。

还有一件事情更能让人心理失衡，那就是别人觉得你依赖他们，他们对你的态度肯定会因此变得傲慢无礼。确实有这样一些人，只要你和他们建立了任何关系，他们都会变得十分粗鲁。比如你在某种情况下，会比较频繁地与他们探讨隐私问题，很快他们就会觉得自己能随意对待你，他们会对礼数置之不顾。这也就解释了，为什么你在乎的人以及想与之建立亲密关系的人会越来越少，这也是为什么你应该避免和庸俗之人相熟的理由。一旦有人认为在人际关系中对方对他的依赖比较强，他马上就会觉得自己被偷了东西，他就会努力报复，将被窃之物找回。在和人打交道时，能获得优势的唯一方法便是，让他们看到你是独立于他们之外的。

在这种视角下，你能让每个人（无论男女）都时不时地感觉到，你很轻易就能脱离他们的陪伴，这是非常明智的做法。这能够巩固你们的友谊。对大多数人而言，偶尔在相处之中掺杂一点对他人的藐视也是毫无坏处的，他们会因此更加珍视和你的友谊。正如一句精妙的意大利谚语所言："冷眼才能赢得尊重。"要是我们真的很看重一个人，当然应该对这种心思讳莫如深。虽然这不是什么值得高兴的事，却非常中肯。毕竟，连一条狗在人们对它太仁慈的时候都不能摆正其位置，更别说一个人了！

29

通常情况下，那些具有高尚品格和伟大禀赋的人，尤其是在他们年轻的时候，都会表现出某种对精明处世的缺乏，以及八面玲珑的不足。这样做的后果就是令自己太容易受误导，而另一方面，平庸之人的秉性或许更适合在世间找到生存之道。

其原因在于，当一个人初出茅庐、毫无经验时，他就只能根据自己先天的观念来进行判断；但对于那些需要加以判断的事情而言，先天的观念与经验之谈永远不能处于同一层次。因为对平庸之人而言，先天立场仅仅意味着他们只站在自己的立场上。但对那些思想和禀赋超凡脱俗的人而言，情况却完全不同，因为他们在这方面与其他人不同，他们是无私的。而且，当他们用自己的高标准来判断别人的思想和行为时，结果往往与其推测不尽相同。

但是，如果这个品德高尚的人自己的经验，或是从他人身上学到的教训能够让他认识到，对其他个体应该报以怎样的期望——也就是说，世间大约六分之五的人智力构成都只是如此——因此，如果你所处的环境并没有逼迫你与他人产生联系，那么最好远离他们，尽量不与他们产生任何关联。然而如果这样，你就永远不会充分认识到这些人有多么卑鄙：你需要耗费一生，让这些人各种各样的恶意一次又一次刷新你的认知；而在此期间，你会犯下许多伤害自己的错误。

然而，即使他真的牢牢记住这一切带来的教训，当他处于另一个自己不甚了解的社会中时，会惊讶地不时发现，这些素不相识的人看上去是那么通情达理，无论是他们的言谈还是举止。事实上，那些诚实守信、真诚待人、值得信赖的人往往精明与聪慧兼备。

这也没什么可感到困惑的。大自然可不像那些蹩脚的诗人，将傻瓜或无赖安排到我们面前的时候，他们行事蠢笨而且令人一眼看穿，以至于你能够想象到诗人就站在这些蠢人的背后，不断否定他们所说的话，接着以警示的语气对你说："这是个无赖，那是个傻瓜，别在意他们说了什么。"

但大自然的鬼斧神工堪比莎士比亚和歌德，这两位诗人让所有的角色（即使是魔鬼本人）出现在我们面前的那一刻，你会发现他们都站在正义的一边。他们对人物的描述如此客观，以至于引发了我们的兴趣，让我们对他们的观点产生了共情。因为正如大自然的作品，我们面前的每一个人，其性格都是由某种深不可测的规律或原则演进而来的，这为他们的一切所作所为赋予了合理性和必要性。而你如果还在期待他们头上长角或摇着铃铛，将自己的身份奔走相告的话，那你就将永远是这些恶魔和傻瓜的猎物或玩物。

你还应该记住，在人们和他人的交往中，他们就像月亮或是驼背的人，只会向旁人展示自己的某一半。每个人都有一种与生俱来的模仿才能，他们会依照自己的相貌做一副面具，这样就能长久地伪装自己。由于他总是在自己的天性范围内量体裁衣，因此他的伪装总是非常合身，而其效果也非常具有欺骗性。一旦他以赢取某人的好感为目的，就会戴上这副面具。你得当作这副面具是由蜡或纸板做的，我们永远不该忘记这句精辟的意大利谚语："没有哪条狗凶到连摇尾巴都不会。"

无论在任何情况下，都最好不要对刚刚认识的人报以过高的评价，否则你很可能会大失所望，还会以自己为耻，甚至会非常受伤。谈到这个话题，我还想谈谈下面这件事。一个人只有在处理烦琐事物的时候，才会展现出自己真正的性格，因为在这时他会措手不及。这是个很好的契机，用于观察人类天性中那种无限膨胀的自我主义，以及他们完全不为他人考虑的事实。即使这一切仅仅发生在某些事情的细枝末节上，或是在一般行为上表现出来，但即便他们竭力掩饰，你还是会发现，这一切都是他们对重要事件采取行动的基础。

现在进行观察，对你而言是一个不可错过的时机。如果一个人在日常琐事、不涉及底线的事情上都不体谅他人，一味追求对自己有利；或是为了自己行事方便而损人利己；或将本属于他人的东西据为己有——你便能够肯定他心中毫无正义感，是个彻头彻尾的恶棍，唯一能够束缚其罪恶之手的只有法律的制裁。不要妄想你在他眼中会是例外，如果一个人在自己的社交圈子里都没有底线，那么若国家法律不对他进行惩罚，他甚至有胆量违法乱纪。

如果一个普通人身上善良的部分大于邪恶的部分，那么相对于让他心生恐惧，仰赖他的正义感、公平感、感恩、忠诚、爱或同情行事将会更加明智；但如果邪恶大于善良，那么反其道而行之则更为谨慎。

如果一个与我们有关联或不得不与之共事的人，表现出任何令人不快或令人讨厌的品质，无论对方是什么人，我们都只须问问自己，这个人对我们真的如此重要吗？重要到我们能够忍受他们的同种恶行屡教不改、变本加厉吗？如果这个问题的答案是肯定的，那就没什么可说的，因为多说无益。无论是否注意到这一点，我们都只能让事情过去；但我们仍然应该记住，我们这样做只能表明自己一错再错。

而如果答案是否定的，我们必须立刻和这位"可敬"的朋友永远决裂。如果此人是你的仆人，也要立刻解雇他。因为同样的情况再次发生时，他还是敢于不可避免地故伎重演，或做一些类似的糟糕事情，即使目前他会真诚而恳切地保证自己以后会克制，不会再犯。

但一个人什么都可以忘记，却唯独无法忘却自己，忘记自己的本性。因为江山易改，禀性难移。一个人的所有行为都源于一条内在的原则，根据这个原则，他一定会在同样的情况下，以同样的方式行事，别无他法。我在此处要参考一下我的获奖文章《论意志的自由》，读完这篇文章，读者关于这个话题的所有幻想都将被打消。

与已经决裂的朋友和解，是一种软弱的表现。当他头一次获得契机，恰好做了导致你们关系破裂的事情时，你已经付出了代价。若是不决裂，他就会变本加厉，因为他已经潜在地意识到：没有他，你的生活将难以为继。这种情况同样也适用于已经被你解雇，却受邀再次回来为你效劳的仆人。

出于同样的原因，你也不应该期望人们在环境有所改变之后，仍然以从前的方式行事。事实上，人们的行为举止和情感和他们兴趣的变化一样迅速。在这方面，他们的轻言放弃仿佛一张短期支付的账单，而毫无抗拒就接受这份账单的人，事实上更加目光短浅。

因此，若你想知道职场中的某个人在你安排的职位上表现如何，也不该寄希望于自己的预期，或他的承诺与保证。因为即使他相当真诚，可他谈论的终究是一件自己也不清楚的事情。唯一能够推算出他行为的方法，就是考虑他将被安置的环境在多大程度上与他的性格相冲突。

如果你希望提升自己的洞察力，看清大多数人身上真实却可悲的要素——这是十分有必要的——采用下面这种方式能够让你获益良多，那就是拿文学作品中所看到的所作所为，与他们在实际生活中的举动互为注释。由此获得的经验，可以避免发生错误判断，无论是对你自己的还是对他人的判断。

不过，要是你在文学作品或生活场景中遇到非常特殊的卑鄙或愚蠢特征，那就必须小心，不要让它们对你造成干扰或引发你的困惑，你只须将它们看作知识的补充，看作你研究人性特征时需要考虑的一个新发现。你对这些特征的态度，应该像一位矿物学家只是偶然发现了一种别具特色的矿物标本而已。

当然，其中有些特征属于极端个例，你很难理解它们的产生机制，也很难理解人与人之间到底为何能产生如此大的差异。但是总体而言，老话往往是正确的，这个世界就是如此糟糕。在荒蛮的国度，人们互相蚕食；而在文明的国度，人们则相互欺骗，而这便是人们所谓的"生存之道"！无论是在内政还是外交事务中，那些国家，那些政治机器，那些武力统治，这一切精心设计的体系除了用于阻挡人类之罪恶这一洪水猛兽，还有什么他用？

难道不是一切历史都证明，一旦国王的王位无法撼动，人民丰衣足食，国王就会动用权势，引导自己的军队像一帮强盗那样劫掠邻国？难道不是一切战争的发动，其最终目的都是侵略与吞并？在最远古的时代，当然中世纪一定程度上也是如此，战败者都成了奴隶。换言之，他们必须为征服自己的人效劳。这与缴纳战争税（代表着之前工作的所得）有什么区别？

伏尔泰说过："所有的战争本质都是劫掠。"而德国人尤其应该引以为戒。

30

没有哪个人能完全随心所欲地度过一生，每个人都需要制订预先的计划以指导自己，并且遵循某些一般准则。但如果这种计划矫枉过正，一个人一味企图逆自己的天性和内心行事，而仅仅通过推理的过程，得到徒有其表的收获与成长，他很快就能发现天性不可违：

> 即使你用干草叉赶走天性，它还是会回来的。

要想理解一条引导自己对他人行为的准则，甚至自己去发现这样一条准则并干净利落地表达出来，这是很容易的。只是过不了多久，这条准则就可能会在实践中被人们打破。但你不必因此而绝望，你不必抱有幻想，因为你不可能依据抽象思维和笼统准则来调节你的生活，因此，就随心所欲地生活吧。

在此，正如所有以产生实际结果为目标的理论教学一样，首先要做的是理解规则，其次是通过实践来学习规则。通过有意识的努力，你可能立刻就能理解理论，然而对于理论的实践，则只有通过时间的检验才能有所收获。

小学生可能会在自己的乐器或击剑上标注不同的记号，只要他犯过类似的错误，他就肯定会这样做。但他无论怎样努力，最终都可能发现，要想找到规则，仅仅通过阅读乐谱或是观看激烈的击剑决斗，是不可能实现的。但尽管如此，循序渐进的练习却能让他经过一系列的失误、差错以及全新的努力，而最终变得完美。

其他的事情也是同样的道理；一个人在学习写作或拉丁文的时候，也会忘记语法规则。只有通过长期的努力，才能从新手变成栋梁之材，冲动的人会变得精明世故，变成坦诚但有所保留的人，变成高尚但诙谐的人。然而，虽然这样的自律是长期养成的习惯，但其效果仍是受到外力才能起作用的，天性从未放弃过抵抗，有时甚至出人意料地反败为胜。依据抽象法则产生的行为与原始、内在倾向的产物之间的区别，就像一件人工作品与活的有机体之间的区别。前者比如手表，其形式和运动都是依据无形的惰性物质，而在后者那里，形式和物质是一体的，彼此不可分离。

拿破仑有一句格言："一切不自然的东西都是不完美的。"这表达了后天性格和先天性格之间的这种关系，并证实了我所说的话；这似乎是一条普遍适用的规则，无论是在物理领域还是在道德领域。对于这条规则，我唯一能想到的例外是砂金石，矿物学家知道，天然砂金石没有人工的好。

在这方面，我首先要建议大家抵御任何形式的矫揉造作。这一定会激起他人的轻视，首先因为这是一种欺骗，但这种本就基于恐惧的欺骗是很懦弱的；其次，这是一种自我谴责，因为造作便是一个人在试着表现出本不属于自己的一面，也就是说，他眼中更好的形象是优于当下的自己的。要想假装某种品质，将自己伪装成一个幻象，任何人都难以长期坚持下去。因为人的天性本身就能揭示出其从未获得过这种品质，天性在不久之后必将卷土重来。

无论一个人追寻的品质是勇气、学识、才华、智慧、女性的青睐，还是财富、社会地位，或是任何值得人们吹嘘的其他东西，其吹嘘只能让人得出这样的结论，即这就是他的弱点所在。如果一个人真正在某些方面有充分的能力，他是不会通过伪装来急于表现的，他会对自己拥有的能力十分满足。这就印证了一句西班牙谚语："马蹄铁咔嗒响，说明掌钉已掉了。"

当然，正如我一开始所言，人们在任何时候都不该太过放纵，坦诚地表现出自己的本来面目。毕竟，我们的天性中有太多邪恶和兽性的一面需要隐藏起来；而这也证明了人们对虚伪的消极态度是合理的，但这仍旧不能证明，对自己不具备的品质进行积极伪装就是正当的。我们还是要记住，矫揉造作会被立刻识破，甚至在其发挥作用之前就被识破了。

最后说一句，矫揉造作不可能长久，面具总有一天会掉下来。正如塞涅卡所说："没有人能一直戴着面具，伪装总是不攻自破。"[1]

31

事实上，一个人承受着自己身体的重量而不自知，但如果他试图搬动其他人，便很快就会感受到这人的重量。同样，一个人可以看到别人的缺点和恶习，却往往对自己的缺点视而不见。这样的安排有一个好处：他人仿佛一面镜子，在镜子里，一个人可以清楚地看到自己本性中邪恶的、有缺陷的、缺乏教养的、令人厌恶的一切。不过，这通常重演了那个狗对着自己的倒影吠叫的古老故事；狗看到的是自己，而不是想象中的另一条狗。

批评别人实际上是在自我改造。那些习惯于审视他人，并对他人的所作所为或者未完成之事进行严厉批判的人，实际上抬高了自己，衬托了自己的完美。因为这些人有足够的正义感，

1　《论仁慈》。

或者至少有足够的骄傲和虚荣心，以避免自己在类似的情况下遭到他人如此严厉的谴责。

而宽容的人却恰恰相反，"他们纵容他人，正是在为自己同样的放纵开解"。《圣经》中谈论"他人眼中的刺"和"自己眼中的梁木"是极为贴切的。眼睛的本质并不在于看自己，而在于看其他事物。因此，观察并责怪他人的错误没什么不合适的，因为这能够让人对自己的错误保持觉察。我们需要以人为鉴，来适当地装点自己的道德。

同样的规则也适用于写作风格和写作技能。新出现的愚蠢风格和技巧，不但没有受到谴责，反而被争相效仿，这就是愚蠢的文字在德国如此盛行的原因。日耳曼人是个非常宽容的民族，每个人都能看出这一点，毕竟他们的信条是"与人方便，自己方便"。

32

具有高尚品格的人在年轻时，会对人们之间的普遍关系和由这种关系产生的联盟产生幻想，认为它们在本质上是理想的；也就是说，这种联盟会建立在相似的性格或情操、品位、智力等方面的基础上。

但后来他就会发现，这些联盟的真正基础是建立在某种物质利益上的。物质利益几乎是一切联盟的真正基础，甚至可以这么说，大多数人都没有想过联盟还能建立在其他任何基础上。因此我们会发现，对一个人的衡量标准总会参考他的职位、职业、国籍或是家庭背景。换句话说，对一个人的衡量基于传统生活分配给他的地位和角色，他在其中被贴上标签，待价而沽。至于他作为个体的素质，要不是为了方便起见，人们绝不会提到。

因此，对个人素质的看法是非常特别的，一旦什么时候某种素质让人感到不愉快了，人们就会将其弃置一旁，甚至视而不见。而这样的事常常发生。但是，一个人拥有越多突出的个人素质，他就越是难以从这种传统生活的安排中获得快乐，而是会试图离开受传统安排的领域。而这样的安排之所以存在，就是因为我们这个世界本是以痛苦和需求为主要特征的。因此，我们生活中最为紧要的事情便是缓解痛苦、满足需求。

33

由于纸币代替真正的钱币在世界上流通，因此存在真正尊重与友谊的地方也是徒有其表，人们通过拙劣的模仿，让这世界尽可能看起来像是有真材实料似的。

另外，人们可能会问，是否有人配得上真正的尊重与友谊。就我自己而言，我当然应该更尊重一只诚实的摇着尾巴的狗，而不是某些人百般的惺惺作态。

真正的友谊是以对他人的疾苦具有强烈共情为前提的，这种共情的性质纯粹客观，并且相当公正。而这反过来又意味着，人们对自己真正的朋友具有绝对的认同感。人性中的利己主义与这一切的共情有着如此强烈的对立，以至于真正的友谊成了一种如同海蛇的东西——没有人知道它是否仅仅是神话，没有人知道它是否存在于世界上的某个地方。

然而，在许多情况下，人与人的关系中仍然存在着一丝真挚的友谊。尽管一般来说，在这种真挚友谊的最基础部分还是存在着隐秘的个人利益，这也是自私所能采取的多种形式之一。但是，这世上万事都不会十全十美，这样一丝真情实感的影响仍旧十分崇高。它确保这些关系可以被称为"友谊"，因为这种情感远远高于人类之中普遍存在的一般友谊。在一般的友谊中，假如你听到这些亲爱的朋友在背后如何议论你，你便永远不会再和他们说一句话。

能够为你带来真正帮助的，除了你的朋友甘愿做出巨大牺牲来为你效劳，检验友谊真实性的最好方式便是，让他收到你方才遭遇不幸的消息。在那个时刻，他的表情要么表明对你的真诚同情，要么有可能在庄严肃穆的神情中流露出一丝转瞬即逝的杂色，这证实了拉罗什富科的一句著名格言：

　　当我们最好的朋友遭遇不幸的时候，我们总能找
到一些不那么令我们不快的东西。

的确，在这样的时刻，你会发现所谓的普通朋友很难抑制那一丝丝的幸灾乐祸。引人发笑的最好办法，莫过于告诉他们最近降临在你身上的一些麻烦，或是毫无保留地向他们透露一些你的个人弱点。这就是典型的人性！

无论人们多么不愿意承认，空间距离与久别不见终究有损于友谊。对那些久久无法相见的人，即使他们与我们十分亲密，我们的支持力度将会随着时间的推移而逐渐枯竭，而这些人也

就成了抽象的概念。因此，我们对这些亲友的兴趣变得越来越理性，甚至令其成了一种惯例。

但如果这些人常常在我们眼前出现，我们会对他们保持鲜活而深刻的兴趣，即使"他们"只是一只宠物。这表明了人们受到感官限制的程度是多么高，而歌德在其作品《塔索》中对于当下时刻重要性的评述又是多么真实：

"当下"是一位有权柄的女神。

所谓的"家中常客"是非常准确的称呼，因为这些人真的是房屋的朋友，而非房屋主人的朋友。换句话说，他们更像是猫，而不是狗。

你的朋友们会告诉你他们有多真诚，但你的敌人才是真正如此。让敌人的责备作为苦口良药，成为你产生自知之明的良方吧！

俗话说"患难见真情"，但事实恰恰相反，你刚交上朋友，他立马就能向你伸手借钱。

34

如果一个人认为，他可以通过展示智慧和洞察力使自己在社会上变得更受欢迎，那么他在为人处世的方式上一定还是个新手。因为对于绝大多数人来说，这样的优秀品质是会激起怨恨的，而更让人难以忍受的是，人们不得不压抑他们愤怒的真正原因。

实际情况是这样的：如果一个人觉察到，与他交谈的这个人智力在他之上，他便会开始以小人之心度君子之腹。这是一种推理的方式，也就是所谓的"省略推理法"，它会激起人们最痛不欲生的阴郁，以及充满敌意的仇恨。所以葛拉西安[1]说得很对：

> 想要赢得他人的喜爱，唯一方法就是表现出一副
> 人畜无害的样子。

向别人展示你的智慧和洞察力，其实是在直接责备他人的迟钝和无能。除此之外，一个庸俗的人看到任何形式的反对，都会自然而然地被强烈激怒。在此情况下，嫉妒的悄然升起正是其愤怒的原因。从日常观察中我们可以得知，当人们的虚荣心得到满足时，他们将获得最大的快乐。但这种虚荣要是无法与他人产生比较，那就无法满足他们。

如今，没有什么比高智力更让人自豪了，因为正是这一点奠定了人在动物界的统治地位。你千万不要如此轻率，让任何人看出你的智力在他之上，甚至让旁人也看到这一点。这会让他极度渴望报复，极尽所能地寻求机会，用尽各种手段来羞辱你。因为这种行为的出现不需要智力，只需要意志——在产生敌意的能力上，人人生而平等。

---

1 葛拉西安（Baltasar Gracian，1601—1658），西班牙哲学家、作家，代表作有《智慧书》等。*

因此，地位和财富的差异往往总能带来社会的差别对待，但高智力却没法指望获得优待。忽视就是对智力的最大恩泽了，但凡人们注意到智力的存在，那一定是因为受到了它无理的冒犯，或者发现智者以自己的智力为荣，却不具备合法性。为了对此人的行为进行打击报复，人们会偷偷地试图以其他方式羞辱他；要是他们按兵不动，一定是在等待合适的机会。一个人可以在言谈举止上极尽谦逊，但若是智力在其他人之上，那么在别人眼里他就是罪无可赦的。萨迪在《蔷薇园》中如是说：

　　你应该知道，相比于智者对于和愚人为伍的不适，愚人对于遇到智者产生的反感要高出百倍。

　　另外，我强烈推荐你表现得大智若愚一些。正如身体喜爱温暖，优越感让人的心灵获益。人们往往喜欢与那些能给他这种感觉的人为伍，正如人们要是想取暖，就会本能地靠近壁炉或漫步在阳光下一样。但这也意味着，一个人可能会因为自己的优越而遭到嫉恨。一个男人真想被人喜欢的话，必须在智力上低人一等；女人在相貌方面也同样如此。要想向你遇见的人担保自己是货真价实、毫不掩饰的卑微，倒确实是件非常困难的事情！

　　试想一下，一个貌美如花的女孩会对丑陋不堪的女孩表达出多少善意和热情。而对男人而言，虽然大家身材上的优势差异不大，但我仍然认为你希望身边另一个男人的个子比你矮小而非比你魁梧。这也就是为什么在同性之间，乏味无知的男人和丑陋不堪的女人都很讨人喜欢。[1] 人们很可能会说这样的人本性非常善良，因为每一个人都想找个借口关心他们。这个借口能够蒙蔽自己，也能骗过旁人，掩盖自己喜欢这些人的根本原因。

这也就是为什么，心理上越有优越感的男人就越孤独；人们会因为纯粹的仇恨而远离他，为了粉饰自己的行为而四处说他的坏话。对于女人来说，美丽的效果也很类似：漂亮女孩的同性朋友总是很少，她们甚至发现自己很难找到一两个闺蜜。漂亮女人应该尽量不要谋求陪护的职位，这太愚蠢了，因为她一进门就会引得未来女主人的侧目，无论是为自己还是为了女儿，女主人都有很好的理由将这个女人解雇。但要是女孩具有等级地位上的优势，情况就大不一样了。因为地位不同于上述个人品质，不仅仅是依靠对比而形成的，其产生更多地依靠反思的过程；正如一个人肤色的特殊，取决于其周围人的主流肤色一样。

---

[1] 要是你想在这世上获得成功，目前而言获得好运的最佳通行证就是朋友和熟人。如果一个人能力很强，他就很容易骄傲，也就不容易奉承能力不如自己的人。因此，那些能力强的人应该将自己的锋芒好好隐藏起来。而智力平平的人则表现刚好相反，平庸的智力与谦逊、和蔼可亲、友善的本性非常协调，这样的人也能对卑鄙和低劣报以尊重。这就是为什么，一个才能低下的人却有那么多友人与之相交，并给他鼓励。

以上言论不仅适用于政治生活中的晋升，也适用于所有关乎荣誉和尊严的竞争，乃至科学、文学和艺术领域的声望提升。比如在一个学术团体中，平庸这一令人受用的品质往往受人追捧，而优秀却迟迟不会被承认，甚至最终一无所得。事情总是如此。

35

在我们对他人的信任中，往往带着一丝自己的纯粹懒惰、自私和虚荣。所谓"懒惰"，是因为我们宁愿信任别人，也不愿自己去探询，对事情表示积极的关心；所谓"自私"，我们之所以向他人吐露心声，是因为被自己的事务压力所引导；而所谓"虚荣"，是因为我们为一件颇为自豪的事情而需要得到信心。然而尽管如此，我们还是希望他人对我们付出的信任表现出真诚。

但是，即使人们不信任我们，我们也不应该生气。因为这意味着他们对诚实报以真诚，他们认为诚实是如此地罕见——确实如此，罕见到让我们怀疑其存在是否仅仅是一种幻象。

36

懂礼节在中国人眼中是一种基本美德，他们这么想是基于两点考虑。我在《伦理学的两个基本问题》中解释了其中一点，而另一点在于：以礼相待代表一种默契，即无论是在道德上还是智力上，人们的缺陷都应该被忽略，而不该被人加以讨论。礼节让这些缺陷变得不那么明显，这样做的结果是双赢的。

既然懂礼节是一种明智之举，那么粗鲁便是一种愚蠢之举。通过任性妄为、毫无必要的不礼貌而树敌，其疯狂程度堪比点火烧自家的房子。礼节就像一枚筹码，即一种合法的假币。吝啬这种假币是很愚蠢的，明智之人会很慷慨地使用它。每个国家都有在信件末尾加上"此致敬礼"的习惯，如英文"您最顺从的仆人"，法文"您谦卑的仆人"，意大利文"您最忠诚的仆人"。唯独德国人不自称"仆人"——因为本来就不是啊！然而，为了礼节而损害你的前程，就像在只有筹码流通的地方掏出真钱一样蠢。

蜡是一种性质坚硬易碎的物质，只需稍加一点温度就可以使其变得柔软，然后你可以任意将它变成自己喜欢的形状。同样地，通过礼貌和友好，你可以让人们变得柔和而乐于助人，即使他们原本是易怒而恶毒的。因此，礼节之于人性，犹如温度之于蜡。

当然，讲礼节也非易事。我的意思是，由于礼节要求我们对每个人都表现出极高的尊重，可大多数人根本不配；不仅如此，礼节要求我们在那些无趣之人面前，佯装对其抱有极大的兴趣，即使我们非常想和他们撇清干系。礼节与傲骨的结合，真是需要极高的智慧才能完成。

我们不应该因为受到侮辱就发脾气，当然，严格来说这意味着我们没有得到尊重。但换个角度看，一方面，只要我们对自己的价值和尊严不作过高估计，不那么为自己骄傲，我们就不会过于自负；另一方面，要是我们非常清楚，一个人内心是如何评判另外一人的话，我们就不会大惊小怪了。

永远不应该忽视这样一个事实：普通的礼节只是一副咧着嘴笑的面具；如果它稍微变了一点形，或是暂时被拿走，如何哭闹都是徒劳。当一个人彻头彻尾粗鲁的时候，就仿佛扒光了自己所有的衣服，一丝不挂地站在你面前。而大多数人在这种状态下，样子都不那么美观。

37

你永远不应该将任何人作为行事的榜样；因为人的地位和环境都是因时而变的，人们的所作所为之所以不同，是因为不同的天性给了他们独特而个性化的行事基调。因此，"两个行事相同的人，结果却未必一样"。一个人一旦考虑好自己要做什么，其所作所为就应该顺应自己的天性。

综上所述，一个人在实际生活中，行事不能缺乏自己的创见，否则便是违背自己的天性行事。

38

即使到了玛土撒拉[1]那样的高龄，你也永远不要反驳任何人的观点，因为不要期望去纠正他所信奉的所有荒谬之事。

在交流中也应该避免纠正他人的错误，无论你的出发点是多么好，因为冒犯他人是很轻易的，但是纠正他们却比登天还难。

如果你碰巧听见了两个人的谈话，并认为他们所言荒谬绝伦，那你只需要设想自己在听两个喜剧里的傻子对话便是。

一个人来到世界上，如果想要在最为重大的事情上教诲他人，那他只能祈祷上苍，保佑自己最终能全身而退。

39

如果你想让他人接受你的评判，那就要冷静地表达出来，

---

1 玛土撒拉（Methuselah），西方传说中的人物，以长寿著称。*

不要急躁。人的**意志**中总有暴力的一面。因此，要是你情绪激烈地表达自己的**判断**，人们就会认为那是任性而为，而非运用知识，因为后者的本性就是冷静而不带情绪的。

由于意志是人性中最原始也是最根本的元素，而**理智**仅仅是随之而来的次一等级的事物，因此人们更有可能认为，你之所以产生如此强烈的情绪表达，是出于意志中的亢奋，而不是因为你的观点本身就比较激烈。

40

即使你有充分的理由自夸，也不应该受到任何诱导去如此行事。因为虚荣无处不在，而真正的优秀却十分罕见。因此，即使一个人十分间接、隐晦地赞美自己，他也要做好心理准备，可能会有千百个人说他是彻头彻尾地爱慕虚荣，根本没有自知之明，就是一个跳梁小丑。

不过尽管如此，培根的论调还是有些可取之处。他说，如果诽谤一个人，多少会给那个人带来一些污名，因而反过来说，赞扬自己也可能产生那么一点效果。

综上所述，稍微自我表扬一下还是值得推崇的。

41

如果你有充分的理由怀疑一个人在对你撒谎，那你一定要表现出对他的每一句话都深信不疑。这能够让他有勇气继续令谎言变本加厉，最终众叛亲离。

而要是你发现一个人正在对你隐瞒一部分实情，那你就要表现得不相信他的任何一句话。你的反驳会刺激到他，进而使他将原本有所保留的事实和盘托出，因为你彻头彻尾的怀疑会令他忍无可忍。

42

你应该将一切私人事务都当作秘密对待，就这些秘密而言，你对待关系很好的熟人和陌生人应该一视同仁，他们应该只了解自己能够直接看见的事情。因为随着时间推移、环境变化，之后你可能会发现，即使是让他人知道完全无害的事情，对你而言也是一种劣势。

另外还有一条普世原则：要显示你的智慧，什么都不说要比说出来更加明智。因为沉默是一件很严谨的事情，而开口说话则总是多少带着点虚荣。这两者往往会同时出现供你选择，但言语带来的短暂满足，往往要比沉默带来的永久裨益更受人青睐。

一个生性活泼的人，在没有听众的情况下大声自言自语，这种放松的快感不该被纵容，以免成为一种习惯。因为这样久了，思维和语言之间将建立起良好的沟通，而对话就会变成一个放声思考的过程。但基于审慎的要求，我们的所想与所说之间应该存在着一条极大的鸿沟。

当我们坚信，人们听见对我们的诋毁之词后一定不会相信，其实他们往往深信不疑。但我们只要找个契机让他们怀疑这样的诋毁，他们又会发现自己一点都不相信这些话了。仅仅因为我们认为人们会忍不住注意到某些事情，所以常常违背自己的意愿去向他人和盘托出，这就仿佛一个人失去理智，从很高的地方跳下来一样。换言之，他只是因为自己没办法站稳脚跟，于是才干出傻事。正因为他所站的位置令其受尽折磨，所以他认为最好的办法就是一了百了。而这就是一种被称为"恐高症"的精神错乱。

但我们不应忘记，人们在他人的私事上是多么睿智，即使这些人在其他事情上表现得智力平庸。这是一个人们非常擅长的问题。面对再复杂的问题，人人都可以做"事后诸葛亮"。

因此，如果你想叙述一些很久远的事情，就要十分谨慎，不要提到任何人的名字，也不要提供其中任何人物的线索。只要你说出来既定的事实，无论是某个特定的地点，还是某个日期，亦或某个人的名字，只要提到任何一条与这件事有关的线索，哪怕微不足道，哪怕只有一丝联系，人们都会对解决这个问题趋之若鹜，他们会凭借自己解决这类问题的天赋，去发掘一切有关的答案。他们对这些事的好奇心能够产生极大的热情：他们的意志将充分激发智慧，推动他们作出层层推理，最终完美解答。因为不管人们对普世真理多么缺乏敏感性，其理解多么千差万别，他们都非常热衷于解答具体而琐碎的问题。

正如我说过的，你会发现所有那些自称人生导师的人，都对沉默的修行抱有极高的赞誉，还会给出众多理由，劝导他人听从这一点。因此对于这个问题，我没必要再加以赘述。

不过，我还是要提几句鲜为人知的阿拉伯谚语，在我看来，它们在此非常切题：

即使面对朋友，也要像对敌人一样保守秘密。

秘密之所以受我掌控，是因为我对此避而不提；要是它被我泄露，那我就成了秘密的囚徒。

只有沉默之树，才能结出和平之果。

43

没有哪一笔钱比被骗走花得更有意义，因为你在一瞬间就买到了"谨慎"这一教训。

44

如果可能的话，别与任何人为敌。

你要仔细观察并牢牢记住每个人的行为方式，这样你才可以衡量他的价值，这才是与你利害相关的，你要因此调整自己对他的态度。你永远不该忽视一点：江山易改，禀性难移。遗忘一个人天性中的恶，就像丢掉来之不易的金钱。只有记住这一点，你才能免受有害关系与愚蠢友人的影响。

做到荣辱不惊，你就获得了世间智慧的一半；而另一半则在于永远保持沉默和怀疑。诚然，如果一个世界需要我提到的这些准则，那么即使你背弃这个世界也毫不可惜。

45

你没必要对任何人怒目而斥，你大可不必通过语言或表面的行为来表达自己的仇恨，这既危险又愚蠢可笑，而且十分粗俗。

一切愤怒和仇恨都不该表露出来，除非你付诸行动。除了行动，你应该避免通过任何方式来表露情感，这样才更具力量。毕竟，不叫的狗才会咬人。

46

智者总会遵循一条古老的法则："说话要慢条斯理。"强调意味着向别人暴露你讲话的目的；由于对方思维迟钝，不强调才有逃脱之机。反之，如果你说话有所强调，便是诉诸情感，结果往往适得其反。只要你在言谈举止中做到彬彬有礼，即使话里有话，也不必承担冒犯他人的风险。

第四章　如何面对世事与命运

47

无论人类命运的形式如何多变，其中总是存在同样的元素。因此，不管在哪里度过，生活都是类似的——不论是在茅屋里还是在宫殿里，在军营里还是在修道院里。不论在哪里！尽管人生的经历多种多样，有各种奇遇、成功或者失败，但人生就像一家糖果店，里面有各种各样的东西，形状奇特，颜色多样——但全部都是用同一种面团做成的。当人们谈论某人的成功时，一个失败的人的命运看起来与之并没有多大的不同。世上的不平等就像万花筒里的组合，每一次都会有一幅新鲜的画面映入眼帘。然而实际上，你看到的只是和之前看到的一样的玻璃碎片。

48

正如一位古代作家所说，世界上有三大力量：**睿智**、**力量**和**运气**。我认为最后一个最有用。

一个人的生活就像一艘船的航行，运气（好运或者厄运）在其中扮演着风的角色，在航行中使船只加速或者使它偏离航向。人能为自己做的许多事都是徒劳，就像舵一样，如果持续不断地努力工作，可能会有助于船只航行；然而，突然到来的暴风可能会让船只再次失去航向。但是，如果风向正确，船就会继续航行，这样就不需要任何操控。运气的力量在一句西班牙谚语中表达得最好："给你的儿子好运，然后把他扔进海里。"

不过我们可以说，运气是一种有害的力量，应该尽量少受它的摆布。然而，给予者在分发礼物时明确地告诉我们，我们没有权利得到礼物，我们不是因为自己的任何优点而得到礼物的，而是完全出于给予者的善良和恩典；同时让我们全然谦卑，开心地满怀获得礼物的希望，并期待再次从同样一双手那里获得这些礼物——哪有这样的给予者，除非是运气？它懂得国王的艺术，即向接受者表明，在皇室的恩典和宠爱面前，所有的优点都不起作用。

回顾自己的人生历程——像是穿过一座迷宫——一个人一定会看到许多运气不佳、不幸降临的地方，然后很容易过度自责。因为一个人的人生历程绝不完全是他自己造成的，而是两个因素的产物——发生的一系列事情，以及他自己对这些事情所做的决定。这两个因素不断地相互影响和修正彼此。

除此之外，在一个人的视野非常有限的范围内，另一个因素在发挥作用，无论是他对将要采取的计划不能看得很远，还是他无法预测未来事件的进程——他的知识仅限于目前的计划和当前的事件。因此，只要一个人的目标还很遥远，他就不能直奔它而去。他必须满足于走一条近乎正确的路线；在遵循他认为应该走的方向时，他会经常有机会调整方向。

一个人所能做的就是形成这样的决心，即不时地与自己所处的环境相一致，希望这样就能朝着最终的目标迈进一步。通常的情况是，我们所处的位置和我们所瞄准的目标，类似于两种在不同方向上具有不同力量的趋势，而我们的人生历程是由其对角线或合力来表示的。

　　泰伦提乌斯[1]说："生活就像掷骰子的游戏，如果出现的数字不完全是你想要的，你仍然可以凭借技巧，利用好手上的点数。"或者更简单地说，生活是一场纸牌游戏，由命运来洗牌和发牌。但就我目前的目的而言，最合适的比喻应该是下棋，我们决定遵循的计划是以对手的下法为条件的——在生活中，是以命运的反复无常为条件的。我们被迫修改自己的策略，而在我们执行这些策略时，最初的计划到最后往往面目全非。

　　但是，除了这一切之外，运气对我们还有其他的影响。这是一句老生常谈，但是所言不虚：我们往往比自己想象中的更愚蠢。另一方面，我们往往比自己想象中的更聪明。然而，只有某些人才能发现这一点，而且他们的发现是对的，不过他们需要很长的时间才能做到这一点。我们的大脑不是我们最聪明的部分。在人生的伟大时刻，当一个人决定迈出重要的一步时，与其说他的行动是由做正确事情的知识所引导的，不如说是一种内在的冲动——你几乎可以称之为一种本能——来自他存在的最深层。

1　泰伦提乌斯（Publius Terentius，约前190—前159），古罗马喜剧作家，代表作有《福尔弥昂》《两兄弟》《婆母》等。*

如果之后他试图通过抽象的明确道理来批评自己的行动——那些无益的道理是通过死记硬背学习的，或者从别人那里借来的；如果他开始将指导他人的一般规则用于自身，而没有充分权衡"甲之良药，乙之砒霜"这句格言，那么他将冒着将自己的事情办坏的极大风险。结果将表明正确的道路在哪里。只有当一个人达到了充满智慧的乐天知命的年纪时，他才有能力对自己或他人的行为作出公正的判断。

也许这种冲动或本能是一种预言之梦的无意识效果，当我们醒来时，这种梦就会被遗忘。但是，这些梦给我们的生活带来了一致的音调、戏剧性的统一，它们永远不可能从有意识的时刻中产生。因为意识是不稳定的，而当处在不稳定意识的时候，我们太容易犯错，太容易弹错音。正是由于这种预言性的梦，一个人感到自己在一个特殊的领域里得到召唤，去取得伟大的成就，并且从他年轻的时候起就朝着这个方向工作。那是一种内在的、秘密的感觉，是他真正的道路，就像蜜蜂被一种类似的本能所引导，在蜂房里建起巢室一样。

这就是葛拉西安称之为"道德洞察力"的强大力量——这是一种人本能地认为是自己的救赎的东西，没有它的话，他就会迷失。

按照抽象的原则行事是一件困难的事情，即使偶尔取得成功，也需要大量的练习。十之八九的情况是，这些原则不适合你的具体情况。但是，每个人都有某些与生俱来的具体原则——可以说，这是他血管中流淌的血液的一部分，事实上，是他所有的思想、感情和意志的总和或结果。通常，他对它们没有任何抽象形式的认识；只有当他回顾自己的生活所走过的道路时，他才会意识到自己一直被它们引导——似乎它们形成了一条无形的线索，他不知不觉地跟随着它们。

49

时间会带来巨大的变化，一切事物的本质都是瞬息万变的——这些都是永远不应该忘记的真理。因此，无论你处于何种情况之下，最好想象一下相反的情况：在成功中，留意不幸；在友谊中，留意敌意；在天气好的时候，留意天空阴沉的日子；在爱中，留意仇恨；在信任的时刻，想象会让你后悔付出信任的背叛。因此，当你倒霉的时候，要有一种充满活力的快乐时光的感觉——这真是世间智慧的永恒源泉！于是我们就应该经常反省，而不是那么容易被欺骗；因为一般来说，我们应该预见到将来岁月会带来的变化。

在任何形式的知识中都需要个人经验，但是学会看到世界上所有的事物都是不稳定的和短暂的，个人经验必不可少。任何事物在其所处地点和所持续的时间里，无不是必然性的产物，因此能够完全证明它是正当的。正是这个事实，使每年、每个月甚至每天的情况，看起来可能会保有持续下去的权利，直到永远。但我们知道，这种情况永远不会发生，**在一个一切都转瞬即逝的世界里，只有改变是持续不变的**。谨慎的人不仅不会被明显的稳定性所欺骗，而且能够预测变化的将来路径。[1]

但人们普遍认为，现在的情况会持续下去，那些事态未来还会继续。他们的错误产生于这样一个事实：他们不理解自己所看到的事物的原因——与它们产生的影响不同的是，这些原因本身包含着未来变化的萌芽。这些影响是人们所知道的全部，他们紧紧抓住这一假设，即那些足以导致它们产生的未知原因，也将能够保持它们现在的样子。

这是一个十分常见的错误，而它的普遍性并非没有优点，因为这意味着人们总是犯同样的错误。所以，由错误引起的灾难影响着所有人，因而很容易承受。而如果一位哲学家犯了一个错误，他是唯一一个犯错误的，因此处于双重不利的境地。[2]

但是，在提到我们应该预测时间的影响时，我的意思是我们应该在心理上预测这些影响可能会是怎样的，而不是说我们应该立即履行只有时间才能实现的承诺，以此来先发制人。提出要求的人将会发现，没有比时间更糟糕、更苛刻的高利贷了。而且，如果你强迫时间兑现，你将不得不支付比任何犹太人所

1　偶然性在所有人类事务中扮演着如此重要的角色，以至于当一个人试图通过现在的牺牲来避开遥远的危险时，危险往往会在一些新的、不可预见的事件发展中消失。牺牲除了是完全的损失，还给事情带来了变化，在这种新的发展面前，这一变化本身就是危险的来源。因此，在采取预防措施时，最好不要看得太远，而要考虑到偶然性。而且常常要勇敢地面对危险，希望它像许多乌云一样，可以飘过而不形成暴雨。

2　我可以顺便说一句，所有这一切都是对《作为意志和表象的世界》（第 1卷，第 94 页）规定的原则的确认，那就是错误总是在于做出错误的推断，即将给定的效果归因于并未引起它的事物。

要求的更高的利率。

例如，通过使用生石灰和人工加热，可以使一棵树在几天内突然长出叶子、开花甚至结果。但在那之后，树就会枯萎。因此，一个年轻人可能会滥用他的力量——可能只是几个星期——试图在 19 岁时做他 30 岁时可以轻松做到的事情，时间可能会给他所要求的贷款。但是，他晚年的力量一定会受到损耗，这笔贷款的利息会让他折寿。

有一些疾病，只有让它顺其自然，才有可能完全恢复健康。之后，它就消失了，不留下任何存在过的痕迹。但是，如果患者非常不耐烦，在他仍然受到影响的时候，坚持说自己完全康复了。在这种情况下，时间也会批准贷款，而病痛可能会被甩掉，但终生的虚弱和长期的伤害将会是支付给它的利息。

同样，在战争或一般的骚乱时期，一个人可能会急需现成的钱，并且不得不卖掉自己投资的土地或公债，他将不得不按照正常市场价格的三分之一甚至更低的价格卖出。但是，他强迫时间给自己贷款，他的损失是其必须支付的利息。又或者他想长途跋涉，需要用钱，一两年后，他可以从收入中存一笔足够的钱。但他不能等，所以他要么借钱，要么从本金中扣除。换句话说，他让时间提前借钱给他。他支付的利息是账户的一片混乱，以及长期不断增加的赤字，这是他永远无法弥补的。

这就是时间的高利贷，所有不能等待的人都是时间的受害者。让稳步前进的时间加速，是代价巨大的行动。那么要小心，不要成为它的债务人。

50

在日常生活中，你会有很多机会认识到普通人的审慎之间的典型差异。在估计与任何事业有关的危险性时，一个普通人会将他的询问局限于过去已经伴随过这类事业的那种风险；而一个谨慎的人会向前看，考虑到未来可能发生的一切，这令人想起一句西班牙格言："一件事情可能不会在一年内发生，但可能会在两分钟内发生。"

当然，这里讨论的差别是相当自然的，因为这需要一定的洞察力才能计算出可能性。但是，一个人只需要感官就能看到已经发生的事情。

不要忘记向邪灵献祭。我的意思是，只要能够避免可能的不幸，一个人应该毫不犹豫地花费时间、精力和金钱，或者放弃他的舒适，或者限制自己的目标，甚至否定自己。最可怕的不幸也是最不可能和最遥远的——最不可能发生的。我给出的规则最好的例证就是保险——在焦虑的祭坛上做出的公共牺牲。所以，领取你的保险单吧！

51

无论什么样的命运降临在你身上，都不要屈服于巨大的喜悦或巨大的悲哀。一方面是因为所有的事物都充满了变化，因此你的命运随时都可能发生变化；另一方面是因为人们在判断什么对他们是好是坏时，是如此容易受骗。

几乎每个人都曾为后来被证明对自己来说是最好的事情而哀叹，或者为一件成为他最大痛苦来源的事而欢欣鼓舞。莎士比亚精心刻画了正确的心态：

> 我已经尝惯人世的悲欢苦乐；
> 因此不论什么突如其来的事变，
> 也不能使我软下心来，流泪哭泣。[1]

　　而且一般而言，可以说如果一个人平静地面对不幸，那是因为他知道生活中可能会发生很多可怕的事情，所以他把此刻的烦恼看作可能会发生的事情中很小的一个部分。这就是斯多葛派的性情——永远不要忘记人类的悲惨命运。要永远记住，我们的存在充满了悲哀和痛苦，无数的不幸会降临到我们头上。无论身在何处，只要环顾四周，就能回想起人类的痛苦：在他的眼前，他可以看到人类在痛苦中挣扎——所有这些都是为了悲惨地活下来，烦闷无趣，百无聊赖！

　　如果一个人记住了这一点，他就不会对生活寄予太多期望，而是学会适应一个一切都是相对的、没有完美状态存在的世界；他总是直面不幸，如果不能避免，就勇敢地面对它。

　　我们永远不应该忘记，大大小小的不幸都是生活中的元素。但不应因此而沉溺于焦躁的抱怨，并且像贝雷斯福德[2]一样，对"人类生活的痛苦"拉长一张脸——没有哪个小时是不

1　《终成眷属》，第二幕，第二场。

2　詹姆斯·贝雷斯福德（James Beresford，1764—1840），英国作家，"人类生活的痛苦"一语取自其代表作的标题。*

受其影响的；更不用说，在每一次被跳蚤叮咬的时候大呼小叫。我们的目标应该是好好环顾四周，通过直面不幸来避开不幸。当在生活中遇到令人不快的事情时——无论它们来自我们的同胞还是来自物质世界，达到这样的完美和优雅，我们就可以像一只聪明的狐狸一样，躲开每一次不幸。记住，不幸通常只是我们自己身上被掩藏的笨拙。

如果我们认为不幸的发生并非不可能，并且正如俗话说的那样"有备无患"，那么它更为轻柔地降临到我们身上主要是因为：如果在这一不幸来临之前，我们已经悄悄地把它想成了可能发生或不可能发生的事情，那么它的整个范围和广度我们都是知道的，而且我们至少可以判断它对我们的影响有多大。所以如果它真的到来了，也不会让我们过度地沮丧——我们不会觉得它的重量比实际上更大。

但是，如果没有做好迎接不幸的准备，而且它出人意料地到来，那么我们的头脑就会暂时处于恐惧状态，无法衡量灾难的严重程度。它的影响似乎十分深远，以至于受害者很可能认为这些影响是无穷无尽的。无论如何，它的范围被夸大了。同样，黑暗和不确定性总是会增加危险感。当然，如果我们考虑过不幸发生的可能性，同时也考虑了我们应该寻求帮助和安慰的来源，或者不管怎样，我们已经习惯了不幸随时发生的想法。

确切地知道"发生的每一件事——从最小的事到事关存在

的大事——都是必然发生的"[1]，可以让我们平静地忍受生活中的不幸。一个人很快就会适应不可避免的事情——非此不可的事情；如果他知道发生的一切都是必然发生的，他就会明白事物不可能是另外的样子，即使世界上最奇怪的巧合也是必然的产物，遵守着众所周知的规则并完全符合预期。让我在这里参考一下我在其他地方所说的关于"所有事物都是不可避免的，都是必然性的产物"[2]这一知识的抚慰效果。

富有这种认知的人，他首先会尽力而为，然后欣然忍受他所必须忍受的。

我们可以将生活中不断发生的琐碎烦恼，看成是为了让我们承受巨大的不幸而做的练习，这样我们就不会因为想要事业成功而感到完全无能为力。一个人应该像齐格弗里德[3]那样，全副武装地面对每一天的小麻烦——我们与同胞之间那些细微的差异、微不足道的争执、他人不得体的行为、琐碎的流言蜚语，以及其他许多类似的生活烦恼。他根本不应该察觉到这些，更别说把它们放在心上，劳心费神，而是与它们保持一定的距离，将它们像路上的石头一样一脚踢开，无论如何都不要去费心思量。

1　这是我在《论意志的自由》一文中极力强调的真相，读者可以在那里找到关于其根据的详细解释，尤其是第 4 卷，第 60 页。

2　引自《作为意志和表象的世界》，第 1 卷，第 361 页。

3　齐格弗里德（Siegfried），德国英雄史诗《尼伯龙根之歌》中的人物，是一位曾杀死巨龙的尼德兰王子。*

52

一般来说，人们通常所说的"**命运**"，只不过是他们自己的愚行。在荷马史诗中有一个段落，很好地说明了这句话的真实性，其中诗人推崇行事老练，他的建议值得所有人关注。[1]因为如果邪恶只能在来生赎罪，那么愚蠢就会有现世报——尽管有时可能会被赦免。

不是残忍，而是狡猾，让人心惊胆战，并预示着
危险；
　没错，人脑是比狮爪更可怕的武器。
　练达之人从不犹豫不决，从不轻举妄动。

53

作为幸福所必需的一种精神品质，**勇气**仅次于谨慎。诚然，没有人可以把这两种品质赋予自己，因为一个人得从母亲那里继承谨慎，从父亲那里继承勇气。但是，如果他有这些品质，可以通过练习变得果决来增进它们。

在这个尔虞我诈的世界里，一个人必须有钢铁般的意志，用盔甲抵挡命运的打击，并拥有对抗人类的武器。生活是一场漫长的战斗，我们必须步步为营。正如伏尔泰所言：

要想成功，必须仗剑而行，就是死，手里也要握

1　《伊利亚特》。

着武器。

一旦暴风雨开始聚集，甚至当第一片云出现在地平线上时，就畏缩不前，或变得虚弱和沮丧——这样的灵魂是懦弱的。我们的座右铭应该是不屈服于生活的不幸，而是从中获得新的勇气：

> 不向邪恶低头，
> 而是迎头痛击。[1]

只要任何充满危险的问题仍然悬而未决，还有一切都会好起来的可能性，任何人都不应该颤抖，而应该一心抵抗——正如只要看到一点蓝天，就不应该对天气感到绝望。我们要树立的态度是：

> 哪怕世界崩塌，
> 哪怕瓦砾成堆，
> 我自岿然不动。[2]

我们的整个生命本身——更不用说它的福气——用不着我们懦弱地颤抖或者畏缩。因此，让我们勇敢地面对生活，坚定

1　维吉尔，《埃涅阿斯记》。
2　贺拉斯，《歌集》。

地面对每一次不幸：

因此，勇敢生活，

用一颗顽强的心直面逆境。

尽管如此，勇气可能会被用过头，退化为鲁莽，甚至可以说，如果我们要在这个世界上生存，一定程度的恐惧是必要的，而懦弱只是它的夸张表达。在弗朗西斯·培根对"令人惊恐的恐惧"（*Terror Panicus*）的叙述中，这一真理已经得到了很好的表达，并且他对其意义的词源解释，比普鲁塔克为我们保留的古代解释还要好。[1]

培根将这一表达与潘神（*Pan*，也就是人格化的自然）联系了起来，并指出所有生物都有与生俱来的恐惧。事实上，这有助于物种的保存，但它容易在没有正当理由的情况下发挥作用，而且人类特别容易受其影响。这种"令人惊恐的恐惧"的主要特征是：找不到任何明确的危险，它假定危险存在，而不是真的知道危险存在，并且，如有必要，它会将惊恐本身当成恐惧的理由。[2]

1　普鲁塔克，《伊西斯与奥西利斯》，第 14 章。
2　培根，《论古人的智慧》，第 6 章。

第五章　人生诸阶段

伏尔泰有一句非常精辟的话是这样说的：我们生命中的每一个年龄阶段，都有其独特的心理特征，如果一个人的心智与他的年龄不相称，他是无法感到一丝快乐的。

> 若一个人没有与年龄相符的心智，他在这个年龄段将遭尽劫难。

因此，如果我们对生活中不同时期自己身上会有的机遇保持关注，我们对幸福本质的推测将会更加契合事实。

我们终其一生，只能活在当下，只有当下才真正为我们所有。唯一的区别在于，在生命伊始，我们会对遥远的将来抱有期待，而到生命尽头，我们会回望长长的过去。另外，众所周知，在此期间我们的性情会经历一些变化，这使得生命的每个时期都呈现出不同的色彩，但我们的本性却不会发生变化。

我在其他文章里讲过，童年时我们更倾向于运用智力而不是意志力，我也解释了为何会是这样。[1] 正是由于这个原因，生

1　《作为意志和表象的世界》，第 2 卷，第 31 章，第 451 页。

命的第一个阶段才会如此快乐，当我们在往后的岁月中回顾它时，它仿佛是一个失落的天堂。童年时，我们与他人的关系是有限的，我们的欲望也没有多少。简而言之，对意志力的刺激很少。因此，我们此时最关心的是自己知识的扩展。

我们的智力和大脑一样，在7岁时就扩展到了最大规模，很早就开始发展，但是需要足够的时间才能成熟；它在不断寻找养分的过程中，探索自身周围的整个世界。对这一阶段而言，生命本身就是一种永葆新鲜的乐趣，此时所有的事物都闪耀着新奇的魅力。

这就是为何童年的岁月仿佛一首长诗。因为用柏拉图的话来说，诗歌的功能和所有艺术一样，就是去把握"理念"（*Idea*）。换句话说，用一种感知一个客体本质的方式来理解一个特定的客体，其本质即这一客体与所有其他同类客体的共性。因此，单一的客体可以作为一个类别的代表，对其中一个的体验对同类的一千个都适用。

人们可能会认为，我说的这些根本不符合实际，儿童只会关注不时呈现在他们面前的单个客体和事件，而且只有在这些事件和客体令他们感兴趣，并暂时激发其意志力的情况下，孩子们才会去关注。但事实却并非如此。

在早期阶段，"生命"这个词的全部含义就是一种全新的、新鲜的东西，其感觉是如此敏锐，绝不会因机械重复而钝化。而在其一切追求中，儿童对于自己在做什么，不会有任何清醒的认识。正因如此，他们才默默专注于把握生命的本质——他们通过不同的场景和经历，认识到生命的基本特征和总体轮廓。这里借用斯宾诺莎[1]的措辞，即孩子正在学习的，是通过所谓"永恒的角度"来看与之相关的事物和人，作为普遍规律的特殊表现形式。

因此，我们越是年轻，每个单一客体就越是代表其所属的整个类别；而随着年岁的增长，这种代表性就变得越来越弱。这就是为什么人在年轻时对事物留下的印象与老年时的印象如此不同的原因。这也解释了为什么人在童年和青年时期获得的一点点知识和经验，就能永久作为往后余生中所有知识的标题——这些早期形式的知识可以被划分为各个类别，而随后的经验带来的结果则可以被归在这些类别之下。这时候，人们虽然对正在做的事情有着清晰的意识，但并不一定会关注这一过程。

正因如此，一个人一生中最初的一段岁月奠定了其世界观的基础，无论这一基础是深还是浅。虽然最初的世界观可能还会在后来得到扩展和完善，但并不会出现实质上的改变。这一纯粹客观因而理想化的世界观，对童年来说是必不可少的，并借由此时尚未充分发展的意志能量得以提升。而这一世界观的影响在于，儿童时期的我们更关心获取纯粹的知识，而不是意志力量的行使。因此，我们在很多孩子身上都可以看到那种屏

1　斯宾诺莎（Baruch de Spinoza，1632—1677），荷兰哲学家，近代西方理性主义哲学家的代表人物，代表作有《神学政治论》《知性改进论》等。*

气凝神的表情，拉斐尔[1]在其画作《西斯廷圣母》中描绘小天使时，对这种表情做了巧妙的运用。总之，童年岁月充满了幸福，以至于人们对它的记忆总是伴随着向往和怀念。

当我们热切地致力于学习事物的外在时，教育作为一种我们了解周围客体的原始方法，其目的是向我们灌输"理念"。但是，理念并不会向我们提供关于客体最真实而本质的信息，而这些代表着一切知识的基础和真实内容的信息，只有通过被称为"直觉"的过程才能获得。这样的知识无法通过外界灌输获得，必须依靠自己并为了自己而获得。

因此，一个人的智力和道德品质都来自其自身本性深处，而非外部影响的结果。没有任何一种教育方案——即使是裴斯泰洛齐[2]或其他任何教育大家——能够将一个天生的傻瓜变成有学识的人。这是天方夜谭！人如果生来就是个笨蛋，直到死去将仍是笨蛋一个。

正是因为人生早期对外部世界的这种直觉认识如此强烈而影响深远，才导致童年的经历会如此深深植根于记忆中。年轻的时候，我们完全沉浸在自己周围的环境中，没有什么可以将我们的注意力从中移开。在我们眼中，周围的客体仿佛是独一无二的，似乎根本不存在其他任何东西。后来，当我们逐渐发

1　拉斐尔（Raphael，1483—1520），意大利文艺复兴时期画家，代表作品有《西斯廷圣母》《雅典学派》等。*

2　裴斯泰洛齐（Johan H. Pestalozzi，1746—1827），瑞士教育家，在教育理论上有许多独创的论述，为世界教育事业做出了重要贡献。*

现世上的事物如此繁多后，这种原始的心态就消失了，我们对事物的耐心也随之消失了。

我曾在其他论著中说过，当世界被看作客观的——换言之，当它被客观地呈现给我们时——这世界总体而言带有令人愉悦的表象；但是，当世界被看作主观的——换言之，关于它的内在本质，即意志——痛苦和麻烦就会占据主导。[1] 我也许可以如此言简意赅地表述：

> 世界看上去荣光万丈，但实际上却十分可怕。

因此我们发现，在孩提时代，我们对世界的认识更多在于其外部或客观方面，即那个呈现意志力的世界，而不在于其内在性质的方面，即作为意志力本身的世界。由于世界客观的一面往往令人愉悦，而内在或主观的一面以及与其相关的恐怖传言到此时一直是未知的，所以年轻人在他的智力发展过程中，会以为自然界和艺术领域中看到的一切美好形态，都是充满喜悦的客体。从外在的角度来看，这一切都是如此美丽，以至于年轻人会产生错觉，认为它们的内在一定会更加美丽。因此，摆在他面前的世界就像另一座伊甸园，这便是我们所降生的世外桃源。

但过不了多久，从这种心态中就产生了对真实生活的渴

1　《作为意志和表象的世界》，第 2 卷，第 31 章，第 426—427 页，读者可参阅此处，以详细了解我此处所说的意思。

望——行动与遭受苦难的冲动，驱使着人们进入喧嚣的世界。在这里，他受教了生命的另一面——内在的那一面，即意志。他每走一步，意志都会遭到挫败。然后，巨大的幻灭期就到来了，那是一个十分漫长的成长阶段。但一旦这个阶段步入正轨，这人就可能会说，他已经克服了自己的一切错误观念——沉迷于幻想的年纪已然逝去。此时，这个过程才刚刚开始，它会不断扩展影响力，越来越多地蔓延到生活的方方面面。

所以，或许可以这么说：当你在童年时，生活就像剧院里的场景，因为你是在从远处看；而到了老年时，才发现它是那样千篇一律，因为你已走得离生活非常之近了。

最后，还有另外一个因素会让童年变得快乐。初春时节，树上的幼叶颜色相似，形状大同小异。在人生的最初几年，我们也都彼此相似，非常和谐。但是随着青春期的开始，我们之间的分歧也出现了，就像从同一个圆心向外发散的射线，我们彼此渐行渐远。

经过了童年时期，我们就进入了前半生的剩余时光，即青年时期，其相比后半生有着多么明显的优势啊！此时，人们对幸福不懈追求，往往因此而遇到困扰和痛苦。人们似乎坚信可以在生命中的某处遇见幸福，可这份希望总是以失败告终，并由此生出无限不满。我们眼前浮现出关于未来幸福的模糊景象，同时徒劳地寻觅着所谓的"现实"。

因此，年轻人不管处于怎样的位置，通常都对自己的处境不满。他们将自己的失望归咎于初尝生活苦果时的所见所闻，这与他们最初的期待大相径庭——如今终于投身于生活，到处都只是人类生活的空虚与不幸。

对于一个年轻人来说，如果他通过早期训练，能够消除"这个世界会主动给自己很多东西"的想法，那么他将获得一种巨大的优势。然而，教育带来的结果往往适得其反，只会加重这些错觉。我们对于生活的最初观念，通常源于虚构而不是事实。

在我们仿若灿烂黎明的青春岁月里，生命的诗意在我们眼前展开了一幅华丽的景象，我们渴望看到这幅景象成为现实，为此而不断折磨着自己。我们甚至渴望抓住彩虹！年轻人期望自己的职业生涯如同一部有趣的冒险故事，而我常挂在嘴边的那种失望正是萌芽于此。[1] 这些景象之所以有魅力，正是因为它们是幻想的而不是真实的。而在沉思它们的时候，我们就进入了纯粹知识的领域，这一领域本身是自足的，不受生活中任何喧嚣和挣扎的影响。但尝试并实现那些景象，就是试图让它们成为意志力的目标，而这往往是一个招致痛苦的过程。[2]

如果一个人前半生的主要特征是那种对幸福永不满足的渴望，那么其后半生的特征则主要是对不幸的恐惧。因为随着年岁的增长，我们或多或少都能够明白，一切幸福都不过是黄粱一梦，只有痛苦才是真实的。相应地，在成年以后的岁月里，起码我们当中比较谨慎的那些人会更专注于消除生活中的痛苦，保证当下的地位稳固，而不会专注于积极地追求快乐。顺

1　参见《作为意志和表象的世界》，第 2 卷，第 31 章，第 428 页。

2　参见《作为意志和表象的世界》第 37 章的内容。

便提一句，据我观察，到老年时，我们更有能力防止不幸的发生，而在年轻时，我们更有能力承受不幸的到来。

在年轻的时候，我总是很高兴听到有人敲门："啊！有乐事登门！"但是在年长以后的生活中，这种情况下我的感觉往往是沮丧多于快乐："上帝保佑！我该怎么办啊？"在人类世界中，这种情绪上的剧变也会出现在任何有天赋或者优秀的人身上。正因为这个原因，可以说他们并不属于这个世界；根据每个人的优秀程度，他们更多或者更少地独立存在着。年轻时，他们往往有一种被世界抛弃的感觉，但后来，他们却会庆幸自己逃过了一劫。早年的感觉自然不那么愉快，那是因为其建立在无知之上；后一种感觉却令人心生愉悦，因为此时，他们已经逐渐了解到世界的本来面目。

这种情况的后果就是，与前半段相比，生命的后半段就像一段音乐的后半部分，其中的热情与渴望减少，而更多的是宁静。这种情况的出现仅仅是因为，一个人在年轻时总会幻想世界上的幸福和快乐取之不尽，只是很难得到；等到年纪大了，才知道事情并非如此，因此便能心安理得，尽情享受当下的时光，即使生活烦琐，也乐此不疲。

我们从生活经验中获得的最主要成果，就是"观点的明晰"。这就是成年时期与青年或少年时最大的不同之处，人们眼中的世界也因此呈现出不同的景象。成年后，才会相当清晰地看待事物，并且可以看到事物本来的样子。而在青少年时期，他看到的其实是一个虚幻的世界，由自己头脑中的妄念拼凑而成，其中满是与生俱来的偏见和怪诞错觉——对他而言，真实的世界隐藏了起来，或是在他眼中已被扭曲。经验告诉我们，第一要务就是将自己从大脑的幻象中解放出来——将自己从年轻时被强加的错误观念中解放出来。

当然，完全将幻象阻隔在外，将会是最好的教育形式。尽管就目标而言，这有些消极，但这是一项充满困难的任务。一开始，孩子们的视野应该尽可能受到限制，只须给予他们清晰而准确的概念。直到孩子们学会如何正确地理解其中的一切之后，再逐渐扩大其视野。要时刻留意的是，不要留下任何模糊不清或一知半解的地方。

这样的训练产生的结果就是，孩子对人和事物的概念认知在本质上往往是有所限制并且单纯的；而另一方面，它们又都是清晰且正确的，往后只需要扩展，而不需要纠正。与此相同的训练路径或许应该一直延续到孩子的青春期。这种教育方法特别强调，应限制他们阅读小说，代之以适合他们阅读的传记文学作品，例如富兰克林的自传，或莫里茨[1]的《安通·莱瑟》。

在年轻时，我们总以为生活中的主要事件，以及将要在这些事件中扮演重要角色的人，都会在锣鼓喧天中粉墨登场，可实际上到了老年，当我们回首往事时，将会发现这一切都是悄悄地溜进我们人生中来，仿佛悄无声息地从侧门进入，我们几乎没能注意到。

从我们一直沿用到现在的一个观点来看，生活可以被比作

1　莫里茨（Karl Philipp Moritz，1756—1793），德国启蒙运动后期作家、散文家，其小说《安通·莱瑟》（*Anton Reiser*）是一部自传体作品。*

一件刺绣，一个人在他的前半生看到的是刺绣的正面，后半生看到的是刺绣的反面。反面自然不如正面那样漂亮，却更有教育意义，它向人们展示了千丝万缕是如何编织在一起的。

即使在智力上有着最显著的优势，一个人也无法确保自己在40岁之前可以在竞争中占据优势地位。就年龄和经验而言，虽然它们永远不能取代智力天赋的作用，但其重要性可能有过之而无不及。即使是最平庸的人，只要他还年轻，也能在一定程度上与一个极度聪明的人相抗衡。当然，我在这里指的是个人的禀赋优势，而非通过努力能够达到的高度。

一旦过了40岁，任何人只要有一点头脑，也就是说只要他的智力属于全人类中最高的那六分之一，就几乎难免会表现出一点厌世的样子。因为到了这个年纪，他自然而然地能从对自己的审视中推断出别人的性格，因此他会渐渐失望地发现，在智力能力或内心品质方面（通常是两方面兼而有之），自己已经达到了他人不能企及的水平，因此不愿意与他人产生任何过多的交集。一般说来，每个人都会爱或者恨孤独。换句话说，爱或者恨与人交往，爱恨的程度与其自身的价值成正比。康德在他的《判断力批判》中，对这样的厌世行为做了一些评论。[1]

对于一个年轻人来说，如果他理解世界的方式比较老成，并让自己迎合这世界的要求；如果他很早就深谙如何与人打交道，并表现得很入世，仿佛早就做好了充分的准备——那么无论从智力还是道德的角度来看，这都是一个不好的征兆，这一

1　《判断力批判》，第一部分第 29 节注释。

系列特点表现出一种庸俗的本性。另一方面，要是一个青年对人们惯常的行为方式感到目瞪口呆，并且在与人们打交道时显得笨拙而手足无措，这反而表明其品格高尚。

青春岁月之所以欢快而活泼，一部分原因在于当我们攀登生命的顶峰时，是无法看到死亡的，因为死亡隐匿在山峰另一面的底部。而一旦我们翻过山顶，死亡就会跃然眼前，在那之前，死亡之于我们只是道听途说而已。直面死亡让我们的精神开始颓唐，因为此时我们开始感觉到生命力正在衰退。这时，一种庄严的肃穆感取代了人们早年间的放浪形骸，这种变化甚至从一个人的面部表情中也能轻易察觉到。只要我们还年轻，人们想对我们说什么就说什么！我们认为生命是无穷无尽的，肆无忌惮地蹉跎我们的时间；但随着年龄的增长，我们会对时间越来越吝啬。因为在生命的最后时刻，我们活着的每一天都像是罪犯走在前往审判庭的路上，每一步都饱受煎熬。

从青年人的角度来看，生命似乎已经延伸到了无尽的未来；而从老年人的角度来看，生活仿佛是往后回溯，一眼望到头。所以，在一开始时，生活向我们呈现了这样一幅画面，其中的物体似乎离我们很远，就像我们将望远镜倒过来看一样；而到了生命最后，一切似乎都是那么迫近。要知道生命是多么短暂，一个人必须已经变得很老，也就是说，他必须活得足够久，才会有此觉悟。

另一方面，随着人年岁的增长，一切看起来都缩小了。生命在我们年轻的时候，曾是如此坚若磐石、稳如泰山，老去以后却好像只是一个个飞逝的瞬间，每个瞬间都是虚幻的。我们逐渐明白，整个世界都是一场空！

当我们年轻的时候，时间本身的流逝似乎十分缓慢。因此，生命的前四分之一不仅是最幸福的，也是整个生命中最漫长的，给后面的生命留下了诸多记忆。如果你非要问一个人的话，他可以告诉你很多生命前四分之一的事情，而有关中老年的内容总要少些。不仅如此，人生的青春时期就仿佛一年中的春天，白天漫长得着实令人厌烦；但到了秋天，无论对于一年还是整个生命而言，虽然十分短促，却显得更加友好而和谐。

但是，为什么对一个老人来说，他流逝的生命显得如此短暂呢？其原因在于，他记住的东西存留的时间不长，因此他认为自己的生命也是短暂的。他已经不记得生命中无关紧要的部分了，许多不愉快的事情已经被遗忘，那么记忆自然所剩无几！因为一般说来，一个人的记忆力和智力一样，难免会有缺憾。如果不想让记忆力和智力都逐渐沉沦谷底，他就必须勤于练习，反省自己得到的教训和经历过的事件。

但到了一定年纪，我们已不再习惯于思考无关紧要的事情，或者秉持着一种这个年龄段的惯例，我们也不再思考令自己不愉快的事情。但我们在早年的时候，仍觉得有必要留下对这类事情的记忆。这些所谓的"不重要的琐事"在早年被分门别类，后来每个类目不断扩充，许多原本显得很重要的东西，由于不断重复便逐渐变得毫无意义。最终，我们实际上已然忘了它们发生了多少次。

因此，我们对早年发生的事件印象更深，对晚年发生的事件印象则淡。我们活得越久，对自己而言可以称为重要或是重要到值得进一步考虑的事情就越少，仅凭这一点，它们就不值得铭记。换句话说，一旦成为过去，这些事就会被遗忘。因此，随着时间的流逝，它们留下的痕迹越来越少。

此外，如果有不愉快的事情发生在我们身上，我们也不会注意去反省，尤其是当这些事情触及我们的虚荣心时，往往更不想回首。因为当不幸降临到我们身上时，自己往往都是难辞其咎的。所以人们很容易忘记多数不愉快的事情，以及很多不那么重要的事情。

正是基于这样的双重原因，我们的记忆才显得如此短暂。一生中发生的事情越多，一个人对发生了什么的记忆就相应地变得越来越淡。我们在过去的岁月里所做的事情，以及很久以前发生的事情，就像远航的海员眼中海岸上的物体一样，随着时间分秒流逝，它们都将变得越来越小，也越来越难以被肉眼分辨。

同样，有时候人的记忆与想象会生动地唤起一些早已过去的场景，仿佛它们是昨天刚刚发生的。那些被唤起的事件，似乎离当下的生活非常近。这是因为我们生活的各个时期，不可能都以同样生动的方式被唤起，其间的整个生活经历不可能尽收眼底。此外，这些时期中发生的大部分事情其实都被遗忘了，剩下的只是我们体验到的常识——仅仅是抽象存在的概念，而不是能带来某种特定体验的鲜活景象。

正是基于这一点，很久以前发生的一件事看起来就像发生在昨天——其间间隔的时间消失了，整个生命因此看起来短暂得令人难以置信。甚至在年老的时候，我们有时几乎无法相信自己年事已高，难以相信我们身后的漫长过去是真实存在的。之所以会产生这种感觉，主要是由于当下时刻往往看上去十分稳固，固定不变。这一切以及类似的心理现象，最终可以追溯到这样一个事实：并非我们的本性，而仅仅是本性的外在表现，留在了时间的长河里；而当下，正是主观世界和客观世界之间的接触点。

又回到了这个问题：为什么在年轻的时候，我们眼前的岁月似乎看不到尽头？因为那时候，我们必须为自己希望发生的所有事情留出空间。我们用种种计划将这些岁月填得如此之满，以至于如果我们试图把这些计划全部完成，那么即使我们活得像玛土撒拉那么久，对我们而言死亡还是来得过早。

生命在我们年轻时看起来无比漫长的另一个原因在于，我们倾向于用已经生活过的短暂年岁来衡量整个生命的长度。早年间，任何事物对我们而言都是新的，所以它们显得重要；一旦事情发生，我们就一直沉浸其中，并且时不时就要想起它们。因此，在青年时期，整个生命似乎被各种事件填满，因此令人感觉十分冗长。

有时候，我们以为自己渴望回到某个遥远的地方，然而事实上，我们只是渴望回到自己曾度过的遥远时光——那时的我们比现在更年轻，也更鲜活。在那样的时光里，时间戴着空间的面具，前来嘲笑我们。如果我们真的回到过去的那个地方，就可以看到自己受了多少欺骗。

人有两种途径可以活得十分长寿，这两种方式都是以健全的体质作为必要条件的。它们可以用两盏灯来做比喻，其中一盏灯油很少，其燃烧时间久是因为灯芯很细；另一盏灯虽然灯芯很粗，其长明是因为有足够的灯油以供给燃烧。在这个比喻里，油是生命的能量，而各种灯芯的不同之处在于，生命能量的使用方式具有多样性。

在 36 岁之前，就我们使用生命能量的方式而言，我们或许可以被比作靠金钱的复利生活的人——今天花出去多少，明天就能够挣得同样多。但是从 36 岁往后，我们的处境就像开始巩固资本的投资者。起初，生活与之前相比几乎没有任何差异，因为大部分开支是由证券利息支撑的，如果赤字比较轻微，人们往往不会注意；但是随着赤字继续增加，我们会因此意识到情况日复一日，变得越来越严重：我们越来越站不稳脚跟，觉得自己越来越穷，也无法期待这种耗尽一切资源的情况有一天能够结束。人们从富裕一落千丈为贫穷，仿佛从空中坠落，最后终将沦落至一无所有。如果在这样的比喻之下，生命力和财富这两个方面真的同时开始消失，那么一个人确实是陷入了悲惨的境地。正是对这场灾难的恐惧，使得人们的占有欲随着年龄的增长而增加。

另一方面，在生命的早期，在我们获得大多数资本的早先几年，以及刚刚到达资本顶峰的时候，我们良好的生命能量状态能够保证自身与资本家一样，每年都将一部分获利作为纯盈利，将其添加到累积的资本中。换句话说，此时我们不仅可以定期获利，而且资本还在变得日益庞大。在一个诚实正直的监护人的严密关照下，一个人有时候既可以永葆健康，也可以日日生财。啊，真是快乐的青春，悲伤的暮年！

然而，人们即使在年轻的时候，也应该节约体力。据亚里士多德观察，在那些奥林匹亚的比赛胜利者中，在少年和壮年时期这两个不同的年龄段均获奖的人寥寥可数。[1] 这是因为他们过早地接受高强度训练，以至于完全耗尽了自己的力量，良好的状态未能持续到成年。与肌肉状态一样，紧张的精力也是如此，一切智力成就都是精力的表现形式。因此，那些所谓的"天才儿童"其实都是温室教育的成果，他们小时候的聪明才智令我们震惊，后来却往往"泯然众人矣"。更有甚者，由于男孩们被迫很小就要掌握古代语言，这很可能正是让博学少年变得愚钝、失去判断力的罪魁祸首。

我已经说过，几乎每个人的个性，在生命中似乎都会有某一个阶段特别适合其发挥，因而在某一年龄段达到最佳状态。有些人只是年轻时富有魅力，年老之后也就没有什么吸引力了。有些人壮年时精力充沛、活泼好动，随着年岁的增长，所拥有的这一切价值都丧失了。也有许多人到年老时才表现出最强的优势，此时他们的性格中呈现出一种温和的基调，他们往往见多识广，生活十分从容。法国就有许多这样的人。

这种特质势必在一个人的性格中，产生某种能与生命中某个阶段相类似的东西，即与青年、壮年或老年阶段相匹配的品质，或者这些品质可以对该阶段的特有缺点进行补偿。

水手在航行到不同位置时，只能通过观察海岸上的物体逐渐消失、尺寸明显减小等方式来判断自己的方位。同样，当一

1　见《政治学》。

个人发现年纪明显比自己大的人对他来说开始显得幼稚时，他就能意识到自己在进步。

曾经有人说过，一个人的年岁越是见长，他所看到的风景、所做的事、所经历的时光，在他脑海中留下的痕迹就越少，其中的原因已经得到了解释。因此，从某种意义上说，只有在年轻的时候，一个人才会对生命全情投入；到了年老的时候，一个人便只有一半的生命了。

随着岁月的流逝，对于自己周围发生的事情，人们的意识会逐渐消退。生命中的往事匆匆而过，无法再给他留下任何印象，就像人们看过一件艺术品千百次之后，内心便不会因其产生任何波澜。一个人若是总做一些顺手的事情，他往往会意识不到自己到底是否已经做过了。

随着生命的无意识程度越来越高，生命越发接近意识终止的时刻，时间流逝的速度似乎也越来越快。在孩提时代，生命中的一切事物和环境都是新奇的，这足以唤起我们对于存在的充分意识。因此，在这个年龄段，一天似乎如此地漫长。我们在旅行时也会出现同样的感受，一个月似乎比在家里度过的四个月还要长。

然而，尽管在年轻时代或旅途时光里，时间似乎显得更漫长，但这两种情况与在老年时代或是在家中相比，我们仍然会时不时感到非常新奇。但是，由于长期以来对身边事物的印象已然习惯，人的智力还是会逐渐受到磨损和钝化，以至于再次遇到它们的时候，我们对事物产生的印象会越来越淡。时间因此看起来越来越不重要，也就流逝得更快了——孩童的时光往往比老人的日子更长。

因此，我们活得越是年迈，时间就过得越快，就像一个球从山上滚下来一样。或者再举一个例子：正如在一个旋转的圆盘中，一个点离中心越远，它的运动速度就越快。生命之轮也同样如此，你离起点越远，时间对你而言就过得越快。因此可以说，就时间在我们的脑海中产生的即时感知而言，任何一年的长度都和它在我们一生中能被分割的次数成正比：好比我们50岁时，感觉到一年的长度就只有5岁时的十分之一。

在我们生命的每一个时期，时间看上去的移动速度所发生的变化，都对我们存在的整个本质施加了明确无疑的影响。首先，它令仅有15年的童年时光，成了生命中最长的一段时间，因此也在此阶段产生了最丰富的回忆。

其次，这种现象揭示了这样一个事实：一个人在年轻的时候容易感到无聊，无聊程度与他年轻的程度成正比。比如，我们可以想想孩子们对"有事做"表现出的持续需求，无论是做正事还是玩耍都可以，一旦这些事情都结束了，他们就会产生一种可怕的无聊感。即使是年轻的成人也无法摆脱这种倾向，他们很害怕无所事事的日子。随着壮年的临近，这种无聊便消失了。而老人们会发现时间过得太快了，他们的日子就像箭在弦上，飞逝而过。

当然，大家应该理解，我指的是人类，而非年老体弱的野兽。随着年岁的增加，无聊感基本上随着我们的生活向前推进而消失，与之相伴的激情以及痛苦都渐渐沉睡。因此总体而言，晚年的生活负担比年轻时要轻得多，当然，前提是身体仍然健康。因此，在老年的衰弱和麻烦来临前的那段时期，被称为一个人"最好的年华"。

考虑到那段年华带来的自在舒服感，我们可以说这一称谓是名副其实的。但是，在青春岁月我们的意识是很活跃的，对各种事物的印象敞开大门，我们拥有一种特权，思想的种子遍地播种，破土而出，这是我们思想的春天。我们可能感知到了深奥的真理，却没法推敲它们，也就是说，我们对真理的初次认知是直接的，是由某些短暂的印象唤起的。只有在印象十分强烈、生动而深刻的时候，我们才能获得这样的真理。

如果我们想要充分了解深刻的真理，一切都取决于我们早年间对青春的合理利用。这样一来，往后余生我们也许可以更好地在他人身上，在整个世界上施加影响。因为此时，我们的天性已经十分精巧而成熟，不再容易受到新观点的吸引。但到了这时，世界对我们的影响就更小了。壮年是行动和成就的岁月，而青年时期则是形成基本概念和奠定思想基础的阶段。

年轻的时候，最吸引我们的是事物的外在；而到了年老时，思考或反思成了我们头脑的主要特质。因此，青年时期是诗歌的时代，而老年时期的我们更偏爱哲学。在实际生活中也是一样：人在年轻时，更多的是基于外界对他的印象来塑造自己的决心；而到了年老时，决定他行动的是自己的思想。

这种现象可以通过一个事实来部分地解释，即只有当一个人年岁渐长，外在观察的结果才会大量出现，人们才能根据这些结果对它们所代表的理念进行分类。而这一过程反过来使人对理念的方方面面进行充分理解，并且明确它们的价值，以及对它们应抱有多少信任、坚定和决心。与此同时，人们已经习惯了从各种生活现象中产生的印象，此时这些现象对他产生的作用早已大不如前。

相反，在人的青年时期，其对事物产生的印象，也就是生命的外在方面是如此强有力，特别是对于性格活泼、富有想象力的人来说，因为他们把世界看成一幅画作，最为关心自己在其中所塑造的形象，即自身呈现的形态。不仅如此，他们实际上根本就"不识庐山真面目"。这一心智的品质表现在个人的虚荣心和对华美服饰的热爱之中，而这正是年轻人的突出特点。

毫无疑问，人在青年时期，智力上的精力最为充沛，可以一直付出巨大而持续的努力。这一情形可持续到35岁，自这个时期开始，他们的精力开始衰退，尽管进程非常缓慢。尽管如此，人到了晚年甚至垂暮之年，他们的智力还是有可取之处的。只有到这个时候，一个人才可能称得上真正的经验丰富或学识渊博。那时，他才有足够的时间和契机，全方位地看待和思考人生。他能够对事情进行相互比较，发现其中的交集点和关联环节，只有这样，人们才能正确理解事物之间的本质联系。

此外，随着年龄的增长，人在年轻时获得的知识会越来越有深度。此时，人对其可能获得的任何理念都会得出更多的实例。那些他在年轻时自认了解的东西，现在才真正懂得。此外，他的知识范围也更加广博，无论向哪个领域延伸，都更为透彻，他的知识因此形成了一个一致的、相互联系的整体。反之，在青年时期，知识总是不完整且碎片化的。

任何没有进入老年时期的人，都不可能对生命形成完整而充分的概念。因为只有老人，才算是概览了整个生命的全貌，了解了它的自然演进过程。最重要的一点在于，不同于其他年龄段的人，只有老年人才不仅熟悉生命的入口，对生命的出口也了如指掌。这样一来，也只有老年人才能完全感受到生命终究是虚幻一场。而其他年龄段的人，则会永无止境地在错误的观念下忙个不停，认为一切最终都会进展顺利。

另外，年轻人的想象力也更充沛，在那个时候，一个人可以从他那贫瘠的见识中得到更多的收获。在年老的时候，判断力、洞察力和彻底性占据优势。青年时代主要被人们用来积累素材，用以获得对世界的认识，这类认识应该与众不同、独具特色，即具有创见性的人生观。换句话说，这是一位天才人物留给同胞的遗产。

然而，只有到了晚年，人才会成为他早年积累的素材真正的主人。因此，我们会发现，一位伟大的作家通常会在大约五十岁的时候创作出最好的作品。不过，尽管知识之树必须长到最高大的时候才能结出果实，但它的根却是在青春岁月扎下的。

每一代人，无论其禀赋多么低微，却都认为自己比上一代人聪明得多，更不必说那些年代更久远的人了。一个人在其一生中的不同时期也是如此。然而通常来说，这两种情形下的观点都是错误的。随着身体不断发育，我们的心智力量和知识储备也在与日俱增，也就习惯于立足当下而藐视过去。这个习惯如此根深蒂固，即使在智力已经开始走下坡路之后，这种习惯仍然存在——此时，我们本该对昨日抱着尊重的仰视态度。

因此，我们总是过分地贬低年轻时取得的成就，以及年轻时的判断力。在这里似乎可以作一个一般性的评论，那就是虽然一个人的智力或头脑，及其性格或内心，都是与生俱来的，但前者绝不像后者那样，在本质不可改变。事实上，一个人的智力会经历诸多转变，通常情况下，这些转变都会显现出来。之所以会这样，一部分是因为智力以体格为基础，另一部分是因为它所处理的素材源自体验。

因此，从身体的角度来看，我们发现，如果一个人有什么过人之处，他首先会不断增强这种能力，直到其达到顶峰，接着走上一条逐渐呈现颓势的道路，直到最后变得愚钝；但另一方面，我们不能忽视这样一个事实，即让一个人的能力发挥作用并保持其活力的素材——思维和知识的主题、经验、智力造诣，看到事物本质的习惯，以及因此会有的完美的心理想象力——会逐渐积累起来，直到其弱点显露之时，人的能力也将断崖式下跌。这两个大相径庭的元素在同一本性下结合，其中一个绝对无法改变，而另一个则向两个相反的方向不断变化。正因如此，一个人在不同的人生阶段才会具有各种各样的精神状态，以及不同的价值。

同样一个真理可以更为概括地表述为：生命的前 40 年提供了文本，而剩下的 30 年对文本提供了评论。没有评论，我们就无法正确理解文本中的真正意义和连贯一致性，以及文本中所包含的道德，还有文本所认可的所有微妙应用。

当生命接近尾声时，所发生的事情将会与假面舞会散场时的场面大同小异——面具被拿掉了。这时，你就可以看到你一生接触过的人的真实面目。这是因为到了生命的尽头，人们已经散发出属于自己的光芒，一切劳作已经结出果实，一切成就得到了应有的珍视，一切伪装都化为乌有。这一切，需要的只是时间。

可事实就是如此奇怪，只有在生命接近尾声时，一个人才能认识和理解真实的自我——他在生活中追求的目标，尤其是自己与他人和世界产生的关系类型。由于这种认识的产生，人们身上经常会发生这样的情况，即他对自己位置的认识，将会比原本眼中的自己更加卑微。但即使是这一规律也有例外，偶尔还会出现这样的情况，即他将自己的位置看得比之前的还要高一些。这是由于他对整个世界的卑劣还没有足够的认识，同时，他为自己设定的目标要比其他人的更为远大。

生命的演进向一个人展示了，自己到底是由什么材料做成的。

人们通常认为青春令人快乐，而老年则是生命中令人悲伤的部分。这句话的真实性基于"激情令人快乐"的假设。但年轻人被激情推推搡搡，他们从中遭受了良多痛苦，真正的快乐却少之又少。而年老的时候，激情的冷却反而令一个人得到休息，此时他的头脑中立刻产生了沉静的睿智；智慧也得到解放，并获得优势地位。而且，由于智力本身已经超越了痛苦，因而只要一个人的生活由智力主导，他就能感到快乐。

我们只需要记住：**一切幸福都是被动的，只有痛苦的本质**

才是积极的。只有认识到这一点，才能懂得激情永远不会成为幸福的源泉，并且不能因为许多快乐都被拒之门外，就觉得年老不那么值得羡慕。因为每一种幸福，都只不过是某种需要或渴求的安宁状态；一旦需求停止，这种快乐也将就此结束。正如一个人在吃饱饭后就无法继续吃下去，或者好好休息一夜后再也睡不着一样，人们也不会再对之加以抱怨。

因此，青年时代远不是人生中最幸福的时期，柏拉图《理想国》的开篇更是言之有理：人的老年时期更值得嘉奖，因为到那时，一个人终于得以从动物性的激情中解脱出来，而此前这种激情让他产生的不安从未停止过。甚至可以这样说：由这种激情而生发的无穷无尽、多种多样的幽默，以及由此产生的各种情感，形成了一种极尽疯狂的状态。不仅如此，只要人受到冲动这一魔鬼的支配，这样的状态便会持续下去。这恶魔似乎永远不会停歇，因此在激情熄灭之前，人永远不会真正变得理性。

毋庸置疑，一般而言，且不说个人的处境或古怪的性情，青年时代的底色一定是忧郁和悲伤的，而伴随着老年的则是一种亲切的感觉。其原因确凿无疑，即年轻人仍然处于服役状态，甚至可以说，是那个恶魔正强迫他进行苦力劳动，这令他几乎没有片刻独处的时间。而这可以说直接或间接地导致了降临或者即将降临在人类身上的所有疾病。而老人之所以和蔼而开朗，是因为在长期受到激情枷锁的禁锢之后，他终于可以自由地活动了。

然而，我们也不应该忘记，当这种激情熄灭时，生命的真正内核也就消失了，只剩下一具空空的躯壳。或者从另一个角度来看，生活于是就成了一部喜剧，开场时台上是真正的演员，而谢幕的只是穿着演员衣服的自动玩偶而已。

不管怎样，青年时代是一段动荡不安的时期，而年迈则意味着休息。正是在这种情况下，我们可以推断到底哪个时期更加快乐。孩童总是伸出小手，急切地想要抓住一切进入他视线的美好事物，他被这个世界迷住了，因为他的一切感官都还那么年轻和新鲜。若是同样的事情发生在年轻人身上，他则会在追求美好的事物时表现出更强大的能量。他也会被围绕在自己周围的一切美好的事物，以及众多令人愉悦的形态所吸引；他的想象力能够立刻唤起快乐，尽管这些快乐在现实中永远无法实现。因此，年轻人充满了一种热切的欲望，他根本不知道何谓"幸福"，而这剥夺了他的一切安宁，让幸福变得遥不可及。

但人一旦进入老年，这一切就都结束了，一则因为老人不再热血，感官不再那么容易受到诱惑；二则是其经验揭示了事物的真正价值，以及享乐的无用本质，从而年轻时的幻觉逐渐被驱散。年轻时人们总有些奇怪的幻想和偏见，它们隐藏或扭曲了自由和真实的世界观，这一切现在已然被驱散而消逝。这样一来，人在年迈后便可以收获更为公允和清晰的观点，由此看到事物的本来面目，并且在某种程度上也或多或少地洞察到，世间万物的本质只是虚无。

正因如此，无论一位老人的能力多么平庸，他都会带有某种智慧的气息，这种气息使他有别于年轻人。而年龄渐长带来的一切变化，其主要结果是随之而来的心灵平静——这是幸福的主要构成要素，事实上也是幸福的条件和本质。当年轻人还在幻想世界上美好的事物数不胜数，期许自己能够将它们收入囊中时，老人则沉浸在《传道书》的教诲中，即"凡事皆是虚空"——他们知道世间万物是多么金玉其外，败絮其中。

相比于年轻时，一个人在晚年才能真正领略贺拉斯的箴言："泰然自若。"他直率而坦诚地坚信万物皆为虚无，相信世界上所有的荣耀皆为虚无——他的幻想消失了。他不再有任何纠结之处，无论住在宫殿或是小屋里，都能获得一定量的幸福，甚至比没有精神与身体上的痛苦时享受的幸福还要多。对他来说，世俗中万事的大小、高低区别已经不复存在。

在这种幸福的精神状态下，老年人可以俯瞰一切错误的观念，并一笑置之。他完全理解并且十分了解，无论人类的生命得到怎样的装点，用怎样的华服来装饰它，其贫瘠的本质很快就会经由其周围的熠熠光辉而充分暴露。而且，无论你用什么珍宝来装点生活，它所有的部分仍旧如初——生命还是一种除了摆脱痛苦之外，没有任何真正价值的存在，而且生命永远不能以其中存在多少愉悦来进行估量，更不用说通过显摆这些愉悦了。[1]

人到晚年的主要特征就是幻灭感，因为到那个时候，赋予生命魅力、激发心灵活动的假象已然消失，世间的辉煌壮丽已经被证明是空虚和徒劳的，它的浮华、宏伟和壮丽已然褪色。人到晚年才发现，在自己苦苦追寻的大部分事物，以及渴求的

1　引自贺拉斯《书札》。

大部分愉悦背后，其内涵毕竟少得可怜。所以他渐渐明白，我们的存在都是空洞且虚无的。而只有等人年过七旬，才能完全理解《传道书》第一节的教诲（"凡事皆是虚空"）。不过，这也再一次解释了为什么老年人有时候会烦躁和阴郁。

　　人们常说，老年人的共同特点是疾病缠身和疲惫不堪。但疾病绝不是老年生活中必然产生的，特别是在人们寿命不断增长的情况下。当然，随着生命的延续，健康问题和不适的情况往往会有增加的趋势。至于对生活感到疲惫或无聊，我在前面已经说过，老年人比青年人接触到这些不幸的概率更低，我也解释了其中原因。无论如何，孤独并不一定都伴随着百无聊赖，但是毋庸置疑，老年人肯定无法逃脱孤独。相反，等待着沉迷于感官享乐，一概没有其他爱好的人，终究要陷入无聊的命运，因为他们的思想没有得到开化，他们的能力没有被利用起来。

　　诚然，智力可能随着年龄的增长而下降，但如果人们原本具有很强的优势，总能有足够的余量来对抗无聊带来的冲击。另外，正如我已经说过的，经验、知识、反思和与人打交道的技巧几者结合在一起，使老人对世界的运作方式有了越来越准确的洞察。他的判断力变得敏锐，他对生活有了一种一以贯之的看法，他的精神视野变得更为广阔。他能够不断地为知识储备找到新的用途，并抓住每一次契机来扩充知识，他的内在保持不间断的自我教育过程，这让心智有了自己的一份事业，产生了满足感，从而让这个人的所有努力都有回报。

　　以上提到的优势，在某种程度上都是对智力下降的补偿。此外，正如我说过的，当我们年事已高，时间似乎就过得更快；

而这本身就是对无聊的一种预防。人的体力随着年龄的增长而下降，这一事实其实并没有太大害处，除非此人确实需要体力以谋生。如果一个人老了以后境况贫穷，这倒是一种巨大的不幸。如果人在这一点上得到了保障，同时保证了自己的健康，那么其晚年时光或许是人生中非常值得度过的一段时间。

老年时光的第一需要是舒适和富裕，因此，这时候金钱比以往任何年龄段都更受重视，因为它是力量丧失的一份替代。遭到爱与美的女神维纳斯遗弃之后，老年人往往转向酒神巴克斯[1]以获得快乐。在原本想长见识、旅行和学习的欲望之处，老年人生发出了表达和为人师的欲望。如果这位老人还保留着一些对学习、音乐或戏剧的热爱，那可是一件幸运的事情。因为总的来说，这表示他仍然对身边的事物保有一份敏感。事实上，有些人在年纪非常大的时候仍是这样。在生命中的那个时刻，一个人本身所有的东西，对他而言比以往任何年龄段都更可谓是一种优势。

毫无疑问，那些一生迟钝、愚蠢、一事无成的人，随着年龄的增长将变得越来越像一台自动机械。他们的所思所想、所言所行，都和各位街坊邻里别无二致。年老时无论发生任何事情，都无法再动摇他们的天性，或者改善他们的行为。与这类老年人交谈就像在沙子上写字，即便他对你产生了任何印象，也几乎马上就会消失。老年时代对这些人而言，无非是生命的

---

[1]　巴克斯（Bacchus），罗马神话中的酒神和植物神，相当于希腊神话中的狄俄尼索斯（Dionysos）。*

残渣——刚毅之气所必不可少的所有东西都没有了。在某些情况下，有些老人还会长出第三副牙齿，这更明显地印证了：**老年是生命中的第二个童年**。

诚然，这是一件非常令人忧郁的事情，一个人的所有欲求都将随着年龄的增长而日渐消逝，而且消逝的速度越来越快。但是，这仍然是一种必要乃至有益的安排，都是对死亡的一种准备，否则，死亡该是多么令人难以忍受啊！因此，伴随死亡而来的最大恩惠便是"安乐死"，那是一种很轻松的死法，不因疾病而起，没有任何痛苦和挣扎。[1] 如果一个人竭尽全力活得很久，那么他除了当下，永远不会对其他任何时刻产生意识，而当下是完整而不可分割的。在垂垂老矣的几年里，纯粹的健忘使人的头脑中每天消逝的内容比新增的内容要多。

青年和老年的主要区别永远如此，青年人面向生命，老年人则面向死亡；前者的过去短暂，而未来漫长，而后者的情况正好相反。的确，当一个人老去，唯一等待他的事情只有死亡；而如果他尚且年轻，他可能还需要面临如何活下去。

此时问题就产生了，在这两种境遇中，到底哪一种更危险？是否总体而言，高寿总比年轻好？《传道书》中曾说："死亡的日子胜过出生的日子。"[2] 诚然，祈求长寿是一件轻率的事

1　参见《作为意志和表象的世界》，第2卷，第41章，其中对人生的这一
　　圆满结局进行了更深入的阐释。
2　《传道书》。

情。[1] 正如一则西班牙谚语所言："活得越久，所见过的恶事就会越多。"

占星术期望通过对行星的观察来预测人的个体经历，但事实却并非如此。不过，人类生活的一般过程就其各个时期而言，倒是可以比喻为行星的演替。所以我们可以说，人的一生是在每个行星的轮流作用下度过的。

1　严格来说，不能说人的一生是长或短，只用时间衡量太过极端，其中还有很多其他衡量因素。

《奥义书》第2卷中提到，人类生命的自然长度被定为100年。我认为这是合理的。事实上，我已经有所观察，只有超过90岁的人才能达到类似"安乐死"的状态，这意味着一个人临终时没有疾病、中风或者抽搐，而是不带任何痛苦地安然逝去。他们有时甚至面色红润，通常在一次进餐之后，以坐姿结束这一生——我甚至可以说，他们只是停止了活下去，而不是死了。而在90岁之前走到人生尽头，便意味着死于疾病，换句话说就是走得过早。

而现世流传的《旧约》则将人类的寿命限制在70岁，到80岁则被称为"长寿"（《圣咏集》）。更值得一提的是，希罗多德也是这样认为的。但这种说法是不妥的，这一错误的产生，仅仅由于人们是根据日常经验的结果做出了粗略而肤浅的估计。因为如果人的自然寿命是七八十岁，那么在久远的过去，可以认为人们活到这个年纪就算自然死亡。但现在肯定不是这样了。那么如果人们在这个年纪死去，他们往往和年轻人一样是死于疾病，而死于疾病就是非正常的。因此，在这个年龄段死去并非自然死亡。

只有生命到了90到100岁之间，人才算是真正的善终。我的意思是，此时的死亡不带有任何疾病，死者也不会表现出任何与自然状况不相符的迹象，如挣扎、抽搐、惊厥、面色惨白，这些迹象的出现都不能算作"安乐死"。人类的自然寿命就是100年，就指定这一寿命长度而言，我得说《奥义书》又对了一次。

一个人 10 岁的时候，水星正处于上升期；处于这个年龄的孩子就像水星一样，在一条狭窄的轨道内移动能力极强，在那里，即使最琐碎的事情也能对他产生很大的影响。但是，在智慧和雄辩之神的指导下，他也很容易取得巨大的进步。金星则在一个人 20 岁时开始将其主宰，此时一个少年会对女性完全沦陷。30 岁的时候，火星粉墨登场，此时的人充满了活力和力量——大胆、好斗而傲慢。

当一个人到了 40 岁，他就处于四颗小行星的主宰之下，也就是说，他的生命在年岁渐长中有了一些收获。他变得朴素，换言之，在谷神星的帮助下，他更偏爱实用的东西；而在灶神的影响下，他拥有了自己的壁炉；智慧之神雅典娜教会了他必要的知识；而朱诺[1]——即他的夫人——则作为家中的女主人而主宰着他。

当一个人年届 50 岁，木星开始对其产生主要影响。在这个年纪，一个人的寿命已经超过了大多数的同龄人，他在自己的同侪中已经有了优越感。他仍然能够充分享受自己的力量，以及丰富的经验和知识；如果他还恰好位高权重，那他对于周围的人就有了较高的威望。他不再乐于接受别人的命令，更想亲自发号施令。这个年纪最适合他的工作，是在自己力所能及的范围内对他人进行引导和管理。这便是木星的鼎盛地带，也是 50 岁的人理应立足的人生巅峰。

---

[1] 朱诺（Juno），罗马神话中的天后，众神之王朱庇特（Jupiter）之妻，婚姻和母性之神，相当于希腊神话中的赫拉（Hera）。*

到了 60 岁，人就会受土星的支配，其重如铅块，愚钝而缓慢：

> 而年迈的人啊，都假装自己已经死去；
> 行为笨拙、行动缓慢、步履沉重、苍白如铅。

而最后则是被天王星主宰，或正如俗语所言：人在此时上了天堂。

我实在无法为海王星在此找到恰当的位置，因为对这颗星球的命名很是草率。要我说，就应该管它叫"厄洛斯"（Eros）。如此一来，我才能指出人的生死是如何首尾相连的，爱欲之神厄洛斯又是如何与死神奥库斯（Orcus）或埃及神话中所称的阿曼特（Amenthes）密切联系的——所谓"死神"，不仅是生命的接收者，也是一切的给予者。死亡是生命的大水库。世间一切都来自死神奥库斯之手，现在生存着的一切，都曾经长眠于冥界。倘若我们明白生死之间的转换奥义，那么一切都会变得清晰！

（全书完）

叔本华其人和他的人生智慧

杨立华

叔本华的名字许多人都很熟悉，也知道他最有名的著作是《作为意志和表象的世界》，还知道他是一位悲观主义哲学家。但是除此之外，可能对他就所知甚少了。不过，看完本书之后，相信你对他的看法会大为改观。

《人生的智慧》与《劝诫与格言》是叔本华 63 岁时发表的两卷本《附录与补遗》上卷的后半部，出版后在英国大受欢迎，继而流行于整个欧洲，很快就单独出版，成为他流传最广的作品之一。这本书是以格言体写就的，有很多非常经典的句子，随便举两个例子："人类幸福的两个敌人是痛苦和无聊，生活会在两者之间或多或少地剧烈震荡"；"一个人在这个世界上要么选择孤独，要么选择庸俗，别无他法"。

当我们想要对叔本华在这本书中表达的思想做一些总结的时候，却会发现这是一件很困难的事情。当我们想要表达他的思想的时候，总忍不住要去引用他在这本书中的原话，而且很难系统地整理出思想的核心要点。所以最好的办法就是直接去读叔本华写的这本书，从他雄辩的文风中去直接感悟他要表达的内容。而在读叔本华的书之前，先对他的生平有一个大体上的了解，会对理解他所写的内容大有裨益。

*

1788 年 2 月 22 日，叔本华出生于波兰城市但泽（今格但斯克），是富商海因里希·叔本华（Heinrich F. Schopenhauer）和妻子约翰娜（Johanna）的儿子。叔本华家族世代经商，从事谷物、木材和咖啡贸易，一直是但泽当地最重要的企业主之一。叔本华的曾祖父曾经招待过俄国女皇叶卡捷琳娜二世。"叔本华"其实是姓氏，他的名字叫亚瑟（Arthur），一个非常英国化的名字。父亲之所以给他起这个名字，是因为这个名字在欧洲各种语言中的拼写都是一样的，他长大之后可以畅行无阻地在欧洲从事各种贸易。

1793 年，但泽被普鲁士占领，叔本华全家搬到了自由城市汉堡。父亲一心扑在自己的商业帝国上，并希望子承父业，将家族产业延续下去，所以将他送入一所私立商学院学习。在这所商学院里，叔本华学习的主要内容是不同货币之间的换算，如何以欧洲通用的各种语言写商业信函，了解商业中心和各种运输路线，还有土地的利润率等内容。但是他对这些统统不感兴趣，只喜欢阅读科学和哲学书籍。

1803 年，15 岁的叔本华陪同父母在比利时、英国、法国、瑞士和奥地利进行了为期一年的旅行。这次旅行增长了他的见识，让他有机会对不同国家的国民性进行观察。后来，他在书中经常会在国家层面对国民性作一些评论。

1805 年 4 月，父亲从仓库的高窗一跃而下，落入汉堡运河冰冷的河水中。父亲的突然离世，给叔本华的生活带来了决定性的变化。母亲约翰娜和妹妹阿黛尔（Adele）随后搬到了魏玛，

童年时代的叔本华

海因里希·弗洛里斯·叔本华（1747—1805）

在那里，性格热情、爱好社交的约翰娜成功举办了许多艺术和文学沙龙，座上宾客包括歌德和东方学家弗里德里希·马耶尔（Friedrich Majer）等名流，后者激发了叔本华对印度思想的终生兴趣。叔本华自己因为学业不得不继续待在汉堡一年多，但是在学习科学和艺术方面却有了更多的自由。1807 年 5 月，他终于可以离开汉堡。接下来的两年，他在哥达和魏玛度过，为上大学做了必要的学术准备。

1809 年，成年后的叔本华继承了大笔遗产。这笔遗产只要加以精明的管理，足可以让他一生衣食无忧。这时已没有父亲管束的叔本华进入大学学习，并最终以哲学作为一生的事业。这年秋天，他考入哥廷根大学医学院，选修的主要是自然科学课程。然而，他在第二学期就转投人文学科，并很快被哲学深深吸引。哥廷根大学哲学家舒尔茨（Gottlob E. Schulze）建议他从阅读柏拉图和康德的著作入手，这对他的研究生涯起到了决定性的影响。

1811 至 1813 年，叔本华就读于柏林大学，在那里听过费希特（Johann G. Fichte）和施莱尔马赫（Friedrich Schleiermacher）的讲座。尽管两人都是当时哲学界的重量级人物，自视甚高的叔本华却对他们有点不屑一顾。从后来的《叔本华手稿》保存的听课笔记和他所读的书页边的旁注可以看出，叔本华急欲反驳和争辩。尽管当时只是一个年轻的学生，他的反应却表现出一种对自己的立场近乎不可思议的确信不疑。如果没有这种坚定不移的决心和信念，他的成就必将会大打折扣。

1813 年夏，叔本华完成了学位论文《论充足理由律的四重

约翰娜·叔本华（1766—1838）

约翰娜·叔本华和女儿阿黛尔（Caroline Bardua，1806 年）

根》，由此获得了耶拿大学博士学位。接下来的冬天，他在魏玛度过，并与歌德交往密切。在同一个冬天里，东方学家弗里德里希·马耶尔向他介绍了古印度的吠陀哲学。19 世纪初，法国学者迪佩隆（A. H. Anquetil-Duperron）曾依据波斯文译本，将《奥义书》翻译成拉丁文。叔本华读到这个译本后，给予《奥义书》极高的评价："在这整个世界，没有比研读《奥义书》更令人受益和振奋的了。它是我生之安慰，也将是我死之慰藉。"后来叔本华认为，《奥义书》与柏拉图和康德的哲学一起，构成了他所建立的哲学体系的基础。

*

1814 年 5 月，叔本华因为不满其母亲轻浮的生活方式而与她争吵，并被母亲逐出家门，此后两人再也没有见过面，只是偶尔有书信往来。叔本华临走时说了一句话："将来你之所以能被这个世界记住，只是因为你的儿子。"这句话最终应验了。此后直到 1818 年，叔本华一直住在德累斯顿。1816 年，在与歌德讨论的基础上，叔本华完成了论文《论视觉与颜色》，站在歌德一边反对牛顿的理论。

1814 至 1818 年这几年时间里，叔本华一心准备和创作他的代表作《作为意志和表象的世界》。这本书标志着叔本华哲学思想的巅峰。在这部作品完成后的许多年里，他的哲学思想一直没有进展，既没有内心的斗争和变化，也没有对基本思想进行批判性的重组。从那时起，他的工作只包括更详细的阐述、澄清和肯定。这部作品受到了印度哲学的影响，被认为是第一

叔本华肖像（Ludwig Sigismund Ruhl，1815 年）

部将东方和西方思想融合的哲学著作，但发表后却无人问津。

1820年3月，在与黑格尔进行了一场辩论并赢得胜利之后，叔本华获得了在柏林大学讲学的资格。虽然他在大学里待了24个学期，却只讲了一次课。因为他故意将自己的讲座安排在和黑格尔的课同一时间，并且一直坚持这样做。当时黑格尔的名气正如日中天，所以他的挑战失败了。黑格尔的课堂上有两百多名学生，而他的课堂上学生寥寥无几，最终只能取消课程。

不仅如此，叔本华出版的著作也很少受到关注。在柏林的这段时间里，他忙于一些次要的工作，主要是翻译。当时，他准备将康德的著作从德文翻译成英文，但因没有出版商愿意出版而作罢。叔本华的英文水平很高，语感也很好，并且对康德思想极为了解，如果能够由他来翻译，将会让英文学术界更早接触到康德哲学，但这都只是设想。

*

1833年，为了躲避在柏林爆发的霍乱（黑格尔便是死于这场瘟疫），叔本华搬到了法兰克福，并一直住在那里直到去世，其间只有短暂的离开。他最终放弃了大学教授的职业生涯，开始过上了一种隐居的生活，将心思完全放在研究与写作上。在生命最后的28年里，他过着和康德相同的极其有规律的日子，坚持着一种禁欲主义的生活方式。

虽然是隐居，但叔本华并没有虚度光阴。1836年，他发表了《论自然界中的意志》，巧妙地运用迅速发展的自然科学上的新发现来支持自己的意志理论。1839 至 1840 年，叔本华报名参加了由挪威皇家学会和丹麦皇家学会举办的两次论文竞赛，这两次机缘催生了两篇相互对应又独立成篇的优秀论文——《论意志的自由》和《论道德的基础》。1841 年，两篇论文被合并为《伦理学的两个基本问题》一书出版。

《论意志的自由》一文被挪威皇家学会授予金质奖章，而《论道德的基础》一文在丹麦则遭遇了不同的命运——尽管是唯一的参赛论文，丹麦皇家学会却拒绝给它授奖，理由是这篇论文未能回答竞赛命题，而且文中提及黑格尔和费希特的方式令人不满。为此，叔本华在之后的作品中一再对丹麦皇家学会冷嘲热讽，在他成名后，丹麦皇家学会也成了一时的笑柄。但《伦理学的两个基本问题》一书也几乎无人问津。在本书中，叔本华一再提及他写的这篇获奖论文。

1851 年，叔本华完成了对《作为意志和表象的世界》的补充与说明，结果就是这部以格言体写成的《附录与补遗》使他获得了声誉，并瞬间成了名人。

1859 年，《作为意志和表象的世界》出了第三版，引起轰动，叔本华称"全欧洲都知道这本书"。在生命的最后十年，他终于获得了声望，但仍然过着孤独的日子，陪伴他的只有一条名叫"世界灵魂"（黑格尔的高论）的卷毛狗。叔本华在《附录与补遗》结尾处写的一首小诗，相当忠实地反映了他晚年的感受：

如今我疲惫不堪地站在路的尽头，

叔本华像（1845 年）

《作为意志和表象的世界》第 1 版扉页（1819 年）

憔悴的额头几乎连桂冠都难以承载。

可我为此生的成就感到欣喜，

从不因他人的言论而畏缩。

*

　　叔本华在去世之后的 50 年间，成为欧洲最具有影响力的哲学家之一。他的"粉丝"包括哲学家尼采、维特根斯坦，文学家卡夫卡、托马斯·曼、列夫·托尔斯泰，还有大名鼎鼎的科学家爱因斯坦。

　　尼采说："叔本华是我的第一位也是唯一一位教育者。我的先驱是叔本华。"的确，尼采在很大程度上继承了叔本华的哲学写作风格，与康德、黑格尔抽象晦涩的写作风格大相径庭。叔本华文笔流畅，思路清晰，后期的散文式论述对之后哲学著作的诗意化趋势产生了较大影响。他们的写作风格更加贴近生活的实际体验，可读性更强。正如本书，阅读完之后甚至对生活有很强的指导作用。此外，叔本华也是维特根斯坦阅读并欣赏的少数哲学家之一。

　　卡夫卡说："叔本华是一位语言艺术家，只因为他的语言，我们就应该读他的著作。"叔本华早年曾在英国和法国接受教育，能够流利使用英语、意大利语、西班牙语等多种欧洲语言和拉丁语、古希腊语等古代语言。在这本书中，他旁征博引，足见其学识之渊博、涉猎之广泛。在本书中，他经常引用法国思想家伏尔泰的文字，托马斯·曼对他们做了一个比较："从清晰完美的形式和确信自己必胜的调侃看，他（叔本华）有时

《作为意志和表象的世界》第 2 版扉页（1844 年）

位于法兰克福的叔本华墓

像伏尔泰；但他以自己本质的深沉、底蕴的丰厚，即其心灵生活的深刻和力量而超越了这个法国人。"

同样作为一位不被大多数同时代人理解的天才，爱因斯坦从叔本华的哲学中找到了许多慰藉："我同意叔本华所说的，把人们引向艺术和科学的最强烈动机之一，便是要逃避日常生活中令人厌恶的庸俗和使人绝望的无聊，是要摆脱人们自己反复无常的欲望的桎梏。"

叔本华关于人性中既有欲望的一面，又有渴望在艺术和宗教中提升自我意识的一面的论述，以及对心灵中"非理性"一面的重视，给了弗洛伊德很多启发。弗洛伊德由此提出了"本我""超我"和"无意识"等概念，并创立了精神分析学派。

*

在叔本华早年所受的教育中，由于父亲期望他长大后子承父业，所以让他学习商业课程，但这与他自己的天性不符，因此甚为苦恼。父亲的离世虽然是一件不幸的事，但是对叔本华选择自己的人生道路却产生了积极的影响。他深知一个人拥有"闲暇"的重要性，所以反复强调一个人应该有支配自己时间的自由："只有得到命运如此垂青的人，才能被说成生来就是真正自由的，是自己的主人，掌控自己的时间和力量。"

叔本华认为，一个人幸福、满足与否，并不取决于外部环境，而更多地在于一个人自己即刻就能感受到的欲望、情感和想法，即所谓"人不受事物的影响，而是受对事物的看法的影响"。一个人真正的幸福来源是身心的和谐健康。因此，我们不应该为了外在的感官享受或者财富和名声而损害自己的健康。

他在书中写道："艰苦的环境和贫穷会令人痛苦，而如果一个人非常富裕，他就会感到无聊。"贫穷的痛苦在于无法自由支配自己的时间，不得不花很多时间去做自己不想做的事情，与生存的压力做斗争。而一旦解决了生存的问题，人就容易无聊。用现代心理学的话来说就是："没钱的时候焦虑，有了钱之后抑郁。"

那么，如何避免在这两者之间来回摆荡，过上快乐的生活呢？叔本华认为，每个人的快乐在于发挥自己所擅长方面的能力。"每一种快乐都是以某种活动或者施展某种能力为前提的，没有它们，快乐就无法存在。"正因为日常生活难以避免"痛苦和无聊"，所以他鼓励人们在个人的生活之外拥有一种智识的生活。通过这种"智识的生活"便能够获得他所说的"发挥鉴赏力的乐趣"，如思考、学习、阅读、冥想、诗歌、音乐、发明、哲学等。在智识生活上的持续投入不仅可以让一个人获得快乐，而且可以使其随着年岁的增长而获得"人生的智慧"。

最后需要提醒的是，尽管叔本华晚年过了很长时间的退隐生活，并且十分推崇那种离群索居的禁欲主义生活，但他其实对人际关系并不是完全抛弃的。一方面，他会觉得那样的生活免去了无意义社交的烦恼，可以将时间更多投入在个人智识的发展上面；但另一方面，他也通过一个故事点出了人际关系的必要性和距离界限。在寒冷的冬日，一群豪猪为了避免冻僵而相拥在一起取暖，但身上的硬刺会扎痛彼此。它们受不了刺痛而被迫分开，但为了取暖又不得不再度靠近。在这两种痛苦的

叔本华像（1852 年）

反复折磨下，它们经过不断试探和调整，最终找到了恰好能够容忍对方的距离。

所以叔本华本质上认为，虽然人与人靠近时难免会有受到伤害的风险，但人还是对温暖的亲密关系有所需求，并能够最终达成一个彼此都能接受的距离。在人与人的交往中可以得到对彼此有益的反馈，从而使人对自己和外界的认识都不断发展，陷入孤芳自赏的世界无法自拔，对我们的人生并无益处。

至于更多的人生智慧，就请细读本书，在叔本华的哲学世界里寻找吧。

叔本华年表

1788 年　2 月 22 日，生于波兰但泽（今格但斯克）的一个富商家庭

1793 年　全家为躲避战火而迁往汉堡

　　　　曾祖父安德里亚斯·叔本华去世

1797 年　寄居巴黎，接受法语家庭教育

　　　　外祖父克里斯蒂安·特罗西纳去世，妹妹阿黛尔出生

1799 年　回到汉堡，进入私立学校学习

1800 年　全家在德国多地旅行

1803 年　遵从父亲的意见开始学习经商

　　　　随父母在欧洲多国旅行

1804 年　受坚信礼

　　　　在父亲好友的店中实习

1805 年　父亲去世

1806 年　母亲带妹妹迁居魏玛

1807 年　获得母亲的允许放弃从商

　　　　在哥达学习希腊文、拉丁文等古典学问

1808 年　参加了沙皇亚历山大和拿破仑在埃尔福特的会见

1809 年　进入哥廷根大学医学院学习，但兴趣很快转向哲学

1811 年　转入柏林大学学习，继续研读哲学

1812 年　与哲学家费希特、施莱尔马赫发生争论

1813 年　完成论文《论充足理由律的四重根》，获得耶拿大学
　　　　哲学博士学位

　　　　与歌德长谈，讨论了其颜色理论

　　　　接触到古印度的吠陀哲学

1814 年　《哥廷根学报》发表了对叔本华哲学著作的第一篇
　　　　评论

　　　　与母亲关系破裂，前往德累斯顿

　　　　开始撰写代表作《作为意志和表象的世界》

1816 年　《论视觉与颜色》出版

1818 年　完成《作为意志和表象的世界》初稿，撰写前言

1819 年　《作为意志和表象的世界》出版

　　　　前往意大利旅行

　　　　申请柏林大学的教职

1820 年　获得柏林大学的任教资格，与黑格尔发生争执

1822 年　离开柏林，重游意大利

1823 年　因病右耳失聪

1829 年　翻译西班牙作家巴尔塔沙·葛拉西安的《智慧书》，
　　　　但未能出版

1831 年　为躲避霍乱而离开柏林

　　　　黑格尔因霍乱死于柏林

1832 年　歌德去世

7月前往曼海姆

1833年　7月起定居法兰克福，在那里度过余生

1836年　完成《论自然界中的意志》

1837年　研读康德的《纯粹理性批判》

1838年　母亲去世

1839年　《论意志的自由》一文被挪威皇家学会授予金质奖章

1840年　以《论道德的基础》一文参加丹麦皇家学会的论文竞
　　　　赛，但未获奖

1841年　《伦理学的两个基本问题》出版

1844年　《作为意志和表象的世界》第2版出版，但仍无人
　　　　问津

1847年　博士论文再版

1849年　妹妹阿黛尔去世

1851年　因《附录与补遗》的出版而名声大噪

1854年　《论自然界中的意志》第2版出版

1858年　拒绝接受柏林皇家科学院授予的院士称号

1859年　《作为意志和表象的世界》第3版出版，引起轰动

1860年　因肺炎恶化于9月21日去世，葬于法兰克福

叔本华主要作品

《论充足理由律的四重根》，1813 年
  Ueber die vierfache Wurzel des Satzes vom
  zureichenden Grunde
《论视觉与颜色》，1816 年
  Ueber das Sehn und die Farben
《作为意志和表象的世界》，1819 年
  Die Welt als Wille und Vorstellung
《论自然界中的意志》，1836 年
  Ueber den Willen in der Natur
《论意志的自由》，1839 年
  Ueber die Freiheit des menschlichen Willens
《论道德的基础》，1840 年
  Ueber die Grundlage der Moral
《伦理学的两个基本问题》，1841 年
  Die beiden Grundprobleme der Ethik
《附录与补遗》，1851 年
  Parerga and Paralipomena

亚瑟·叔本华
（Arthur Schopenhauer，1788—1860）

德国哲学家，唯意志论的代表人物
在伦理学、美学、认识论等领域都有重要贡献

代表作有《作为意志和表象的世界》
《论充足理由律的四重根》《附录与补遗》等

人生的智慧

作者 _ [德]亚瑟·叔本华　译者 _ 杨立华

产品经理 _ 陈顺先　　装帧设计 _ 欧阳颖　　产品总监 _ 阴牧云

技术编辑 _ 顾逸飞　　责任印制 _ 刘淼　　出品人 _ 路金波

营销团队 _ 王维思

果麦

www.guomai.cn

以　微　小　的　力　量　推　动　文　明

图书在版编目（ＣＩＰ）数据

人生的智慧／（德）亚瑟·叔本华著；杨立华译
. -- 上海：上海文化出版社，2020.9（2024.3重印）
ISBN 978-7-5535-2097-1

Ⅰ．①人… Ⅱ．①亚… ②杨… Ⅲ．①叔本华（
Schopenhauer, Arthur 1788-1860)－人生哲学－哲学思想
Ⅳ．①B516.41

中国版本图书馆CIP数据核字（2020）第176222号

出 版 人：姜逸青
责任编辑：郑　梅

书　　名：人生的智慧
作　　者：[德] 亚瑟·叔本华
译　　者：杨立华
出　　版：上海世纪出版集团 上海文化出版社
地　　址：上海市闵行区号景路 159 弄 A 座 2 楼 201101
发　　行：果麦文化传媒股份有限公司
印　　刷：河北鹏润印刷有限公司
开　　本：880mm×1230mm　1/32
印　　张：9.5
字　　数：212 千字
印　　次：2020 年 9 月第 1 版　2024 年 3 月第 9 次印刷
印　　数：40,001-45,000
书　　号：ISBN 978-7-5535-2097-1 / B · 009
定　　价：39.00 元

如发现印装质量问题，影响阅读，请联系 021—64386496 调换。